LIBERTY
PUBLISHING HOUSE

Александр Литвиненко
Юрий Фельштинский

ФСБ ВЗРЫВАЕТ РОССИЮ

*Федеральная служба безопасности —
организатор террористических актов,
похищений и убийств*

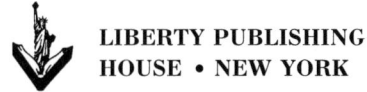
LIBERTY PUBLISHING
HOUSE • NEW YORK

Yuri Felshtinsky & Alexander Litvinenko
Blowing Up Russia

Original title:
FSB Vzryvayet Rossiyu

Copyright © 2002 by Yuri Felshtinsky &
Alexander Litvinenko

All rights reserved including rights of reproductions. No part
of this book may be used or reproduced in any manner
without written permission of the publisher, except
in the case of brief quotations embodied in
critical articles and reviews.

Liberty Publishing House, Inc.
475 Fifth Avenue, Suite 511
New York, NY 10017-7274
Tel: (212) 679-4620
Fax: (212) 447-7558
www.Liberty-Publishing.com
Publisher@Liberty-Publishing.com

Book Design by – Asya R. Kunik
Cover Design by Dmitri Koukarkine

Printed in the United States of America

ISBN 0-914481-63-0

ОГЛАВЛЕНИЕ

Предисловие 7

Несколько слов об авторах 15

Глава 1. Спецслужбы разжигают войну
в Чечне 17

Глава 2. Шабаш спецслужб 36

Глава 3. МУР против ФСБ 47

Глава 4. Николай Платонович Патрушев
(биографическая справка) 69

Глава 5. Провал ФСБ в Рязани 72

Глава 6. ФСБ прибегает к массовому
террору: Буйнакск, Москва,
Волгодонск 125

Глава 7. ФСБ против народа 170

Глава 8. Создание подконтрольных
ФСБ внештатных спецгрупп 213

Глава 9. ФСБ организует заказные
убийства 225

Глава 10. Спецслужбы и похищения
людей 238

Глава 11. Распустить или реформировать
ФСБ? 253

Вместо заключения. ФСБ у власти 262

Эпилог 265

Предисловие

> *Мы не отказались от своего прошлого, честно сказали: «История Лубянки уходящего века — это наша история...»*
>
> Н. П. Патрушев, директор ФСБ
> Из интервью «Комсомольской правде»
> 20 декабря 2000 г., в День чекиста

Родословная Федеральной службы безопасности Российской Федерации (ФСБ РФ) не нуждается в описании. С первых лет советской власти карательные органы коммунистической партии создавались как структуры, не знающие жалости и пощады. Начиная с октября 1917 года политическая полиция советской России (позднее СССР) являлась бесперебойной машиной по уничтожению миллионов людей.

Аналога органам государственной безопасности СССР и России нет ни в одной цивилизованной стране мира. Только в нацистской Германии политическая полиция (гестапо) имела свои оперативные и следственные подразделения, места лишения свободы (типа следственного изолятора ФСБ Лефортово).

Августовские события 1991 года, когда была буквально сметена коммунистическая система, наглядно продемонстрировали, что либерализация политического устройства России неизбежно должна привести к ослаблению, реформированию или роспуску Комитета государственной безопасности (КГБ). О царившей в тот период панике в руководстве силовых ведомств говорят многочисленные и не всегда объяснимые роспуск или переформирование старых и образование новых спецслужб. Так, уже 6 мая 1991 года, согласно протоколу, подписанному президентом России Б. Н. Ельциным и председателем КГБ СССР В. А. Крючковым, наряду с общесоюзным КГБ появился российский республиканский Комитет госбезопасности под председательством В. В. Иваненко. 26 ноября КГБ РСФСР был преобразован в Агентство федеральной безопасности (АФБ). Спустя неделю, 3 декабря, президент СССР М. С. Горбачев подписал указ «О реорганизации органов государственной безопасности». Согласно закону, КГБ был упразднен, и на его базе на переходный период была создана Межведомственная служба безопасности (МСБ) СССР.

При этом старый КГБ разбился на четыре новые структуры. 1-е (Главное) Управление — внешняя разведка — выделилось в Центральную службу разведки, позже переименованную в Службу внешней разведки (СВР). 8-е и 16-е Управления (правительственная связь, шифрование и радиоразведка) превратились в Комитет правительственной связи (будущее Федеральное агентство правительственной связи и информации — ФАПСИ). Пограничники стали Федеральной пограничной службой (ФПС). Бывшее 9-е Управление стало Управлением охраны при аппарате президента РСФСР, а бывшее 15-е Управление — Службой безопасности и охраны правительственных объектов РСФСР. Позднее эти структуры образовали, соответственно, Службу безопасности президента

(СБП) и Федеральную службу охраны (ФСО). Кроме того, из 15-го Управления выделилась еще одна сверхсекретная спецслужба: Главное управление спецпрограмм президента (ГУСП).

24 января 1992 года Ельцин подписал указ об образовании на базе АФБ и МСБ нового министерства безопасности (МБ) РФ. Параллельно появилось министерство безопасности и внутренних дел, однако оно просуществовало недолго и вскоре было распущено. МБ в декабре 1993 года было, в свою очередь, переименовано в Федеральную службу контрразведки (ФСК), а 3 апреля 1995 года Ельцин подписал указ «Об образовании Федеральной службы безопасности в Российской Федерации». ФСК превратилась в ФСБ.

Эта череда многочисленных преобразований и переименований, инициированных самой спецслужбой, имела своей целью вывести из-под удара госбезопасность как структуру, сохранить не только организацию, пусть децентрализованную, но и кадры, архивы, агентуру. Огромную роль в спасении КГБ от разгрома сыграли Евгений Савостьянов (в Москве) и Сергей Степашин (в Ленинграде). И тот и другой пользовались репутацией демократов и были поставлены для того, чтобы реформировать и контролировать КГБ. На самом деле и первый и второй были сначала внедрены госбезопасностью в демократическое движение, а затем уже выдвинуты на руководящие должности в новой спецслужбе, чтобы не допустить разгрома КГБ демократами. И хотя многочисленные штатные и внештатные офицеры КГБ-МБ-ФСК-ФСБ с годами ушли в бизнес или политику, структура в целом была сохранена именно благодаря Савостьянову и Степашину. Более того, если раньше КГБ находился под политическим контролем партии, являвшимся для органов своеобразным тормозом, поскольку любая серьезная операция проводилась лишь с санкции Политбюро, то после 1991 года МБ-ФСК-ФСБ стали действовать на российской почве абсолютно самостоятельно и бесконтрольно. Контроль за действиями сотрудников ФСБ осуществлялся самим ФСБ. Всепроникающая агрессивная структура оказалась за пределами не только идеологического, но и правового поля.

После периода очевидной растерянности, вызванного событиями августа 1991 года и неверного предположения, что вместе с компартией остракизму будут подвергнуты сотрудники бывшего КГБ, спецслужба осознала выгодность для себя новой, свободной от партийного контроля эпохи. Используя многочисленные собственные кадры (гласный и негласный состав), бывший КГБ смог внедрить своих людей практически во все сферы жизнедеятельности огромного государства.

В верхних эшелонах, иногда незаметно для обывателя, почему-то оказались бывшие видные кагэбэшники страны: первоначально — секретные агенты, позже — бывшие и действующие офицеры. Так, с первых дней августовских событий 1991 года за спиной Ельцина в Москве стоял кагэбэшник Александр Васильевич Коржаков, бывший телохранитель председателя КГБ и генсека Ю. В. Андропова. Службу безопасности группы МИКОМ возглавлял полковник ГРУ в отставке Богомазов, а вице-президентом Финансово-промышленной группы был Н. Николаев, кагэбист с двадцатилетним стажем, когда-то работавший под Коржаковым.

К В. Гусинскому пристроился Филипп Денисович Бобков, первый заместитель председателя КГБ СССР, генерал армии, в советское время долгое время возглавлявший так называемую 5-ю линию КГБ (политический сыск), главными успехами в работе которого можно считать изгнание из страны А. И. Солженицына, В. К. Буковского, аресты и содержание в течение многих лет в лагерях тех, кто думал и говорил то, что считал правильным, а не что велела партия. За спиной Анатолия Собчака в Ленинграде (Санкт-Петербурге) был подполковник КГБ В. В. Путин. По словам самого Собчака, это означало, что «КГБ контролирует Санкт-Петербург».

Как именно это происходило, описал преподающий в Цюрихе руководитель Итальянского института международной политики и экономики Марко Джакони:

> «Попытки КГБ установить контроль над экономической деятельностью отдельных предприятий проходят все время по одной и той же схеме. На первом этапе рэкетиры осуществляют поборы, либо пытаются присвоить себе не принадлежащие им права. Вслед за этим на предприятие приходят представители спецслужбы и предлагают фирме помочь выпутаться из трудностей. С этого момента фирма навсегда лишается самостоятельности. На первом этапе предприятия, оказавшиеся в сетях КГБ, испытывают сложность с получением кредитов или даже переживают финансовые потрясения, однако впоследствии получают лицензии на торговлю в таких специфических областях, как алюминий, цинк, продукты питания, целлюлоза, древесина. После этого фирма получает мощный импульс к развитию. На этом этапе в нее внедряются бывшие сотрудники КГБ. Кроме того, с этой фирмы получают новую порцию денег».

Однако 1991—1996 годы показали, что российский бизнес, несмотря на грабительские поборы силовых структур, действовавших отчасти открыто, отчасти через организованные преступные группировки (ОПГ), контролируемые спецслужбами, сумел за короткий срок стать политической силой, не всегда и не во всем подчиненной ФСБ. Очевидно, что именно после разгрома президентом Ельциным в 1993 году хасбулатовского парламента заинтересованное в приостановке либеральных реформ в России руководство бывшего КГБ, возглавлявшее теперь ельцинскую ФСК, приняло решение о дестабилизации и компрометации режима Ельцина и его реформ через нагнетание криминогенной обстановки в России и разжигание национальных конфликтов, главным образом на Северном Кавказе — самом слабом звене многонационального российского государства.

Одновременно была начата активная идеологическая кампания в средствах массовой информации (СМИ). Смысл ее сводился к тому, что обнищание народа, рост преступности и национализма являются следствием демократизации строя, а единственный способ избежать эксцессов — отказаться от либеральных реформ и западных моделей и найти свой российский путь развития, в основе которого будет лежать порядок и общее благосостояние. В действительности речь шла о пропаганде диктатуры, напоминающей стандартную нацистскую модель. Из всех диктаторов, больших и маленьких, просвещенных и кровожадных, был выбран самый симпатичный и статистически не очевидный — чилийский генерал Августо Пиночет. Почему-то считалось, что если в России появится диктатор, то не хуже чилийского. Между тем российский опыт подтверждает, что из возможных вариантов Россия чаще всего выбирает худший.

До 1996 года госбезопасность боролась с демократами-реформистами, так как видела основную угрозу в демократической идеологии, требующей немедленного проведения радикальных экономических и политических прозападных реформ, основанных на принципах свободной рыночной экономики и политико-экономической интеграции России в сообщество цивилизованных стран. После победы Ельцина на выборах 1996 года, когда крупный российский бизнес впервые проявил себя как политическая сила, не допустил отмены демократических выборов и введения в стране чрезвычайного положения (на чем настаивали сторонники диктатуры в лице Коржакова, начальника ФСО М. И. Барсукова и им подобных) и, что самое главное — обеспечил победу своего кандидата, госбезопасность определила для себя новое направление главного удара: российская деловая элита. Именно после победы Ельцина на выборах 1996 года начинается период пропагандистских кампаний, очерняющих ведущих бизнесменов России. Причем в авангарде этих кампаний снова мелькают знакомые лица из силовых структур.

Появилось новое определение — «олигарх», хотя и было очевидно, что даже самый богатый человек в России олигархом в буквальном смысле этого слова не является, так как отсутствовала главная составляющая олигархии — власть. Дело в том, что реальная власть по-прежнему находилась в руках спецслужб.

Постепенно с помощью журналистов, являющихся сотрудниками или агентами спецслужб, прежде всего ФСБ и СБП, и целой армии неразборчивых авторов «олигархи» российского бизнеса были объявлены ворами, аферистами и даже убийцами. Между тем основные преступники, сосредоточившие в своих руках реальную олигархическую власть и миллиарды нигде и никем не учтенных денег, сидели в креслах руководителей российских силовых ведомств: ФСБ, СБП, ФСО, СВР, Главном разведывательном управлении (ГРУ), генеральной прокуратуре, ФАПСИ, министерстве обороны (МО), министерстве внутренних дел (МВД), таможне, налоговой полиции и т.д.

Эти люди и были настоящими олигархами, серыми кардиналами и теневыми руководителями российского бизнеса и политической жизни страны. Они обладали реальной, никем не ограниченной и неконтролируемой властью. Надежно защищенные служебными удостоверениями силовых структур, они стали поистине неуязвимыми. Занимая высокие посты, они брали взятки, воровали, сколачивали незаконным путем свой капитал, вовлекая в преступную деятельность подчиненных.

В этой книге предпринята попытка показать, что основные проблемы современной России вызваны не радикальными реформами либерального периода правления Ельцина, а тем противостоянием, которое тайно или явно оказывали этим реформам российские спецслужбы. Именно они развязали первую и вторую чеченские войны для разворота России от демократии к диктатуре, милитаризму и шовинизму. Именно они организовали в Москве и других российских городах серию беспощадных террористических актов, ставших поводом для начала первой, а затем и второй чеченских войн.

Сентябрьские взрывы 1999 года, прежде всего предотвращенный теракт в Рязани в ночь на 23 сентября — основная тема исследования книги. По этим взрывам отчетливее всего прослеживается тактика и стратегия российских органов государственной безопасности, стремящихся к абсолютной власти. Эта книга — о постигшей всех нас трагедии, об упущенных возможностях, о потерянных жизнях. Эта книга для тех, кто, осознав происшедшее, не побоится влиять на будущее.

После публикации отрывков книги в «Новой газете» 27 августа 2001 года, равно как и после выхода американского издания книги в январе этого года в Нью-Йорке (английское название книги: «Blowing Up Russia: Terror From Within»), нам неоднократно задавали вопрос об источниках информации. Мы хотим заверить читателей, что в этой книге нет вымышленных фактов и голословных утверждений. Мы считали, однако, что на данном этапе исторического развития России, когда многие государственные чиновники, подозреваемые нами в организации, исполнении или допущении террористических актов в России в сентябре 1999 года, входят в руководство страны, обнародование наших источников информации является преждевременным. При этом уже в первых последовавших после 27 августа 2001 года интервью мы указывали, что эти источники будут незамедлительно сообщены российской или международной независимой комиссии, созданной для расследования сентябрьских террористических актов 1999 года в России. Таковой остается наша позиция и на сегодняшний день: все материалы, являющиеся источниками для написания этой книги, будут переданы тем, кто ставит своей целью объективно разобраться в происходящем.

НЕСКОЛЬКО СЛОВ ОБ АВТОРАХ КНИГИ

Александр Вальтерович Литвиненко родился в 1962 году в Воронеже. В 1980 году, после окончания средней школы был призван в армию. За последующие двадцать лет прошел путь от рядового до подполковника. С 1988 года — в органах контрразведки КГБ СССР. С 1991 — в центральном аппарате МБ-ФСК-ФСБ России. Специализация — борьба с терроризмом и организованной преступностью. За проведение совместных с МУРом операций по розыску и задержанию особо опасных преступников получил звание «Ветеран МУРа». Участник боевых действий во многих так называемых горячих точках бывшего СССР и России. В 1997 году переведен в самое секретное подразделение ФСБ РФ — Управление по разработке преступных организаций — на должность старшего оперативного сотрудника, заместителя начальника 7-го отдела.

В ноябре 1998 года в Москве выступил на пресс-конференции с критикой руководства ФСБ, сообщив о полученных им противозаконных приказах. В марте 1999 года арестован по сфабрикованному обвинению и помещен в СИЗО ФСБ Лефортово. В ноябре 1999 года оправдан, но прямо в зале суда, после зачитанного ему оправдательного приговора, арестован ФСБ и посажен по второму сфабрикованному уголовному делу. В 2000 году второе уголовное дело было прекращено, Литвиненко выпущен под подписку о невыезде. Против него было начато третье уголовное дело. После угроз со стороны ФСБ и следователей в адрес семьи вынужден был нелегально покинуть Россию, в связи с чем против него было возбуждено четвертое уголовное дело. В настоящее время с семьей проживает в Великобритании, где в мае 2001 года получил политическое убежище.

Юрий Георгиевич Фельштинский родился в 1956 году в Москве. В 1974 году поступил на исторический факультет МГПИ им. Ленина. В 1978 году эмигрировал в США, где продолжил изучение истории сначала в Брандайском университете, затем в Ратгерском, где получил степень доктора философии — Ph. D. (история). В 1993 г. защитил докторскую диссертацию в Институте истории Российской академии наук (РАН). Редактор-составитель и комментатор нескольких десятков томов архивных документов, автор книг «Большевики и левые эсеры» (Париж, 1985); «К истории нашей закрытости» (Лондон, 1988; Москва, 1991); «Крушение мировой революции» (Лондон, 1991; Москва, 1992); «Вожди в законе» (Москва, 1999).

Глава 1

Спецслужбы разжигают войну в Чечне

Россия опять воюет. И где! На Северном Кавказе. Будто не было Афганистана. Будто заранее не ясен ход, результат и последствия этой войны, объявленной в многонациональном государстве гордому, воинственному народу. Как могло оказаться, что в самый демократический период развития Россия начнет одну из постыднейших своих войн?

Война требует мобилизации ресурсов, увеличения бюджетов силовых структур, ведомств и министерств.

Война увеличивает роль, значение и влияние людей в погонах и тормозит продолжение курса прозападных экономических реформ.

Война приводит страну к изоляции от сообщества цивилизованных государств, ибо она не поддерживается остальным миром и непонятна ему.

Когда-то любимый и популярный президент теряет поддержку и населения, и мирового сообщества. Пойманному в капкан, ему остается единственный выход — уйти в отставку до истечения срока, отдав власть в руки ФСБ в обмен на гарантии неприкосновенности себя и своей семьи. Мы знаем, кому это было выгодно: тем, кто получил от Ельцина власть. Мы знаем, как это было достигнуто: через войну в Чечне. Осталось только понять, кто же все это организовал.

Самым слабым звеном многонациональной российской мозаики оказалась Чечня. Считая Джохара Дудаева своим, КГБ не возражал против его прихода к власти. Генерал Дудаев, член КПСС с 1968 года, был переведен из Эстонии в родной ему Грозный будто специально для того, чтобы стать в оппозицию местным коммунистам, быть избранным президентом Чеченской республики и провозгласить в ноябре 1991 года независимость Чечни (Ичкерии), как бы демонстрируя российской политической элите, к какому расколу ведет Россию либеральный режим Ельцина.

К 1994 году политическое руководство России уже понимало, что не готово дать Чечне независимость. Предоставление суверенитета Чечне действительно могло привести к дальнейшему распаду России. Но можно ли было начинать на Северном Кавказе гражданскую войну? «Партия войны», опиравшаяся на силовые министерства, считала, что можно. Однако к войне нужно было подготовить общественное мнение. На общественное мнение легко было бы повлиять, если бы чеченцы стали бороться за свою независимость с помощью терактов. Осталось дело за малым: организовать в Москве взрывы с «чеченским следом».

Зная, что со дня на день российские войска и силы антидудаевской оппозиции начнут запланированный штурм Грозного, в Москве для разжигания античеченских настроений ФСК 18 ноября 1994 года предприняла первую попытку совершить террористический акт, объявить ответственными за него чеченских сепаратистов и, опираясь на озлобление жителей России, подавить в Чечне движение за независимость.

Обратим внимание на то, что и 18 ноября, и в будущем «чеченские террористы» крайне несвоевременно устраивают взрывы, да к тому же заявляют о своей к ним непричастности (что делает сам теракт бессмысленным). В ноябре 1994 года общественное мнение России и всего мира в целом было на стороне чеченского народа. Зачем же чеченцам нужно было производить теракт в Москве? Куда естественней заниматься диверсиями в расположении российских войск на чеченской территории.

Итак, 18 ноября 1994 года в Москве на железнодорожном мосту через реку Яуза произошел взрыв. По описанию экспертов, сработали два мощных заряда, примерно по полтора килограмма тротила каждый. Были искорежены двадцать метров железнодорожного полотна. Мост чуть не рухнул. Однако теракт произошел преждевременно, еще до прохождения через мост железнодорожного состава. На месте взрыва нашли разорванный в клочья труп самого подрывника, капитана Андрея Щеленкова, сотрудника нефтяной компании «Ланако». Щеленков подорвался на собственной бомбе, когда прилаживал ее на мосту.

Только благодаря этой оплошности исполнителя теракта стало известно о непосредственных организаторах взрыва. Дело в том, что руководителем фирмы «Ланако», давшим названию фирмы первые две буквы своей фамилии, был 35-летний уроженец Грозного Максим Юрьевич Лазовский, являвшийся особо ценным агентом Управления ФСБ (УФСБ) по Москве и Московской области и имеющий в уголовной среде клички Макс и Хромой. Забегая вперед, отметим, что абсолютно все работники фирмы «Ланако» были штатными или внештатными сотрудниками контрразведывательных органов России.

В день взрыва на Яузе, 18 ноября 1994 года, анонимный телефонный звонок сообщил в милицию, что у офиса фирмы «Ланако» стоит грузовик с взрывчаткой. Грузовик — ЗИЛ-131 с тремя минами МОН-50, пятьюдесятью зарядами к гранатометам, четырнадцатью гранатами РГД-5, десятью гранатами Ф-1 и четырьмя упаковками взрывчатки типа «пластит», общим весом 6 кг — действительно был обнаружен рядом с офисом «Ланако», но, как заявило УФСБ, оно не смогло определить, кому именно принадлежит грузовик, хотя у Щеленкова было найдено удостоверение «Ланако», а при взрыве на Яузе была использована аналогичная взрывчатка. И поскольку теракт не удался, о причастности к нему чеченских сепаратистов сообщено не было.

Войной в Чечне было очень легко прикончить Ельцина политически. И те, кто затевал войну и организовывал теракты в России, хорошо это понимали. Но существовал еще примитивный экономический аспект взаимоотношений российского руководства с президентом Чеченской республики: у Дудаева постоянно вымогали деньги. Началось это в 1992 году, когда с чеченцев были получены взятки за оставленное в 1992 году в Чечне советское вооружение. Взятки за это вооружение вымогали начальник СБП Коржаков, начальник ФСО Барсуков и первый вице-премьер правительства РФ Олег Сосковец. Понятно, что не оставалось в стороне и Министерство обороны.

Когда началась война, наивные граждане России стали недоумевать, каким же образом осталось в Чечне все то оружие, которым чеченские боевики убивали российских солдат. Самым банальным образом: за многомиллионные взятки Дудаева Коржакову, Барсукову и Сосковцу.

После 1992 года сотрудничество московских чиновников с Дудаевым за взятки успешно продолжалось. Чеченское руководство постоянно посылало в Москву деньги — иначе Дудаев ни одного вопроса в Москве решить не мог. Но в 1994 году система начала буксовать. Москва вымогала все большие и большие суммы в обмен на решение политических вопросов, связанных с чеченской независимостью. Дудаев стал отказывать в деньгах. Изначально финансовый конфликт постепенно перешел в политическое, а затем силовое противостояние российского и чеченского руководства. В воздухе запахло войной. Дудаев запросил личную встречу с Ельциным. Тогда контролирующая доступ к Ельцину троица затребовала у Дудаева за организацию встречи двух президентов несколько миллионов долларов. Дудаев во взятке отказал. Более того, впервые он припугнул помогавших ранее ему (за деньги) людей, что использует против них компрометирующие их документы, подтверждающие небескорыстные связи чиновников с чеченцами. Дудаев просчитался. Шантаж не подействовал. Встреча не состоялась. Президент Чечни стал опасным свидетелем, которого необходимо было убрать. Началась спровоцированная жестокая и бессмысленная война.

22 ноября 1994 года Государственный комитет обороны (ГКО) Чеченской республики, созданный за день до того указом Дудаева, обвинил Россию в развязывании войны против Чечни. Дудаев знал, что «партия войны» уже приняла решение о начале военных действий. «Российские регулярные части оккупируют часть территории Чеченской республики — Надтеречный район», — говорилось в распространенном в Грозном заявлении ГКО. В ближайшие дни планируется «оккупация территории Наурского и Шелковского районов. В этих целях используются регулярные части Северо-Кавказского военного округа, спецподразделения МВД России, а также армейская авиация Северо-Кавказского военного

округа. В операции, по сведениям ГКО, задействованы и спецподразделения Федеральной службы контрразведки РФ».

Главный штаб вооруженных сил Чечни утверждал, что на границе с Наурским районом, в поселке Веселая Ставропольского края, происходит концентрация воинских частей: тяжелых танков, артиллерии, до шести батальонов пехоты. Как стало известно позже, колонна российской бронетехники, сформированная по инициативе и на деньги ФСК, с солдатами и офицерами, нанятыми ФСК на контрактной основе, в том числе среди военнослужащих Таманской и Кантемировской дивизий, действительно составляла костяк войск, сосредоточенных для штурма Грозного.

23 ноября девять российских вертолетов армейской авиации Северо-Кавказского военного округа, предположительно МИ-8, нанесли ракетный удар по городу Шали, примерно в 40 км от Грозного, пытаясь уничтожить бронетехнику расположенного в Шали танкового полка. С чеченской стороны были раненые. Чеченская сторона заявила, что располагает видеозаписью, на которой запечатлены вертолеты с российскими бортовыми опознавательными знаками.

25 ноября семь российских вертолетов с военной базы в Ставропольском крае сделали несколько ракетных залпов по аэропорту в Грозном и близлежащим жилым домам, повредив посадочную полосу и стоящие на ней гражданские самолеты. Шесть человек погибли и около 25 получили ранения. В связи с этим министерство иностранных дел (МИД) Чечни направило заявление администрации Ставропольского края, в котором, в частности, указывалось, что руководство региона «несет ответственность за подобные акции, и в случае применения адекватных мер с чеченской стороны» все претензии Ставрополя «должны быть отнесены к Москве».

26 ноября силы Временного совета Чечни (чеченской антидудаевской оппозиции) при поддержке российских вер-

толетов и бронетехники с четырех сторон атаковали Грозный. В операции со стороны оппозиции принимали участие более 1200 человек, 50 танков, 80 бронетранспортеров (БТР) и шесть самолетов СУ-27. Как заявили в московском (марионеточном) центре Временного совета Чечни, «деморализованные силы сторонников Дудаева практически не оказывают сопротивления, и к утру, вероятно, все будет закончено».

Однако операция провалилась. Наступающие потеряли около 500 человек убитыми, более 20 танков, еще 20 танков было захвачено дудаевцами. В плен были взяты около 200 военнослужащих. 28 ноября «в знак победы над силами оппозиции» колонна пленных была проведена по улицам Грозного. Тогда же чеченское руководство предъявило список четырнадцати взятых в плен солдат и офицеров, являющихся российскими военнослужащими. Пленные прямо перед телекамерами признавались в том, что служат в основном в воинских частях 43162 и 01451, базирующихся в Подмосковье. Министерство обороны РФ ответило, что указанные лица не служат в российских вооруженных силах. На запрос относительно пленных капитана Андрея Крюкова и старшего лейтенанта Евгения Жукова министерство обороны сообщило, что офицеры действительно служили в войсковой части 01451 (курсы «Выстрел»), однако с 20 октября 1994 года не появлялись в части, в связи с чем готовится приказ об их увольнении из вооруженных сил. Иными словами, МО объявило пленных солдат дезертирами. На следующий день отец Евгения Жукова опроверг данные министерства. В интервью российскому информационному агентству (РИА) «Новости» он заявил, что сын уехал из части 9 ноября, а 27-го родители увидели его в телепрограмме «Итоги» среди пленных российских военнослужащих в Грозном. На вопрос о том, как сын оказался в Чечне, командир части Жукова отвечать отказался.

Несколько позже был опубликован красочный рассказ о событиях 26 ноября майора Валерия Иванова, отпущенного из плена 8 декабря в числе семи российских военнослужащих:

> «Приказом по части все завербовавшиеся были отправлены в отпуск по семейным обстоятельствам. Брали офицеров, в основном неустроенных в бытовом отношении. Половина были бесквартирные, вроде и отказаться можно, а начнут квартиры распределять — и ты окажешься на бобах. 10 ноября мы прибыли в Моздок, в Северную Осетию. За две недели подготовили 14 танков с чеченскими экипажами и 26 машин для российских военнослужащих. 25 ноября мы пошли на Грозный. […] Я лично был в группе из трех танков, которые взяли в полдень 26-го под контроль телецентр Грозного. Сопротивления со стороны войск МВД, охранявших телецентр, не было. Однако через 3 часа в отсутствие связи с командованием мы подверглись атаке знаменитого абхазского батальона. Танки и пехота окружили нас, ответный огонь мы сочли бессмысленным, так как силы [антидудаевской] оппозиции нас бросили, тут же убежав. Два из трех наших танков сгорели. Экипажи успели покинуть машины и сдаться охране телецентра, которая нас передала личной охране президента Дудаева. Нас содержали хорошо, в последние дни даже почти не охраняли, да нам и бежать было некуда».

Создавалось впечатление, что 26 ноября бронетанковую колонну в Грозный вводили специально для того, чтобы ее уничтожили. Разоружить Дудаева и его армию колонна не могла. Захватить город и удерживать его — тоже. Армия Дудаева была укомплектована и хорошо вооружена. Колонна могла стать и стала живой мишенью.

Министр обороны Грачев намекал на свою непричастность к этой авантюре. С военной точки зрения задача захвата Грозного, заявил Грачев на пресс-конференции 28 ноября 1996 года, была вполне осуществима силами «одного воздушно-десантного полка в течение двух часов. Однако все военные конфликты окончательно решаются все же политическими методами за столом переговоров. Без прикрытия пехоты вводить в город танки действительно было бессмысленно». Зачем же их тогда вводили?

Позже генерал Геннадий Трошев расскажет нам о сомнениях Грачева по поводу чеченской кампании: «Он пытался что-то сделать. Пытался выдавить из Степашина и его спецслужбы ясную оценку ситуации, пытался перенести начало ввода войск на весну, даже пытался лично договориться с Дудаевым. Теперь мы знаем, что такая встреча была. Не договорились».

Генерал Трошев, ведя уже вторую войну в Чечне, недоумевает, почему же Грачев не смог договориться с Дудаевым. Да потому что Дудаев настаивал на личной встрече с Ельциным, а Коржаков не соглашался проводить ее бесплатно.

Блистательную военную операцию по сожжению колонны российской бронетехники в Грозном действительно организовал не Грачев, а директор ФСК Степашин и начальник московского УФСБ Савостьянов, курировавший вопросы устранения режима Дудаева и ввода войск в Чечню. Однако те, кто описывал банальные ошибки российских военных, вводивших в город бронетанковую колонну, обреченную на уничтожение, не понимали тонких политических расчетов провокаторов. Сторонникам войны нужно было, чтобы колонну эффектно уничтожили чеченцы. Только так можно было спровоцировать Ельцина на начало полномасштабных военных действий.

Сразу же после разгрома бронеколонны в Грозном президент Ельцин выступил с обращением к участникам конфликта в Чеченской республике, а Кремль начал подготавливать общественное мнение к неминуемой войне. В интервью корреспонденту РИА «Новости» консультант аналитического центра при президенте России Аркадий Попов заявил, что в самое ближайшее время Россия может выступить в Чечне в роли «принудительного миротворца» и что, судя по всему, российский президент намерен действовать решительно. В случае объявления президентом чрезвычайного положения на территории Чечни российские власти могут использовать «форму ограниченного вмешательства, которое будет выражаться в разоружении обеих конфликтующих сторон путем ввода в Грозный ограниченного контингента российских войск», — как уже было в Афганистане.

Таким образом, спровоцировав столкновения в Чечне через политическую и военную поддержку чеченской оппозиции, ФСК намерена была начать против Дудаева войну, прикрывшись миротворческой деятельностью.

Чеченская сторона расценила обращение Ельцина как «ультиматум» и «объявление войны». В заявлении чеченского правительства утверждалось, что это обращение, а тем более попытки претворения его в жизнь, «противоречат нормам международного права» и дают правительству Чечни «право принятия адекватных ответных мер для защиты независимости и территориальной целостности своего государства». Угроза введения Россией чрезвычайного положения на территории Чечни, по мнению правительства Чеченской республики, являлась «неприкрытым желанием продолжать военные действия и вмешиваться во внутренние дела другого государства».

30 ноября Грозный подвергся авиаударам российских военно-воздушных сил. 1 декабря российское военное командование не пропустило в Грозный самолет парламентской делегации членов Государственной думы (ГД). Тогда делега-

ция приземлилась в столице Ингушетии Назрани и отправилась в Грозный на встречу с Дудаевым наземным транспортом. Во время продвижения делегации к столице Чечни восемь самолетов Су-27 совершили второй налет на чеченскую столицу. Самолеты обстреляли, в частности, городской квартал, где проживал Дудаев, но были встречены плотным зенитным огнем. Один самолет, по сообщению чеченской стороны, был сбит силами ПВО.

2 декабря Сергей Юшенков, председатель комитета Думы по обороне и глава российской парламентской делегации, прибывшей в Грозный, заявил, что ставка на силу в российско-чеченских отношениях обречена на провал. Знакомство с обстановкой на месте, сказал Юшенков, убеждает его в том, что единственным выходом из создавшейся ситуации могут быть переговоры. По словам Юшенкова, предварительных условий чеченская сторона на переговорах не выдвигала.

Общественное мнение было все еще на стороне чеченцев. Руководство ФСК окончательно убеждается в том, что на общественное мнение можно повлиять только терактами, свалив вину за них на чеченцев. 5 декабря ФСК сообщает журналистам, что через государственные границы в Чечню устремились иностранные наемники, в связи с чем «не исключается проявление деятельности засылаемых сегодня в Россию террористических группировок и в других регионах страны». Это первое незамаскированное заявление ФСК о том, что в России скоро начнутся теракты «с чеченским следом». Правда, пока речь идет о засланных иностранных агентах, вытащенных, видимо, из старых учебных пособий КГБ советских времен, а не о чеченцах.

6 декабря Дудаев заявил в интервью, что политика России провоцирует рост исламистских настроений в Чечне: «В „чеченской карте" могут быть разыграны глобальные интересы исламского дальнего зарубежья, которые способны сделать

дальнейшее развитие событий просто неуправляемым. В Чечне сейчас всплыла третья сила — исламисты, — к которым постепенно переходит инициатива. „Мы уже не твои солдаты, президент, мы — солдаты Аллаха"», — охарактеризовал Дудаев настроения прибывающих в Грозный. «Ситуация в Чечне, — подвел итог Дудаев, — начинает выходить из-под контроля, и это меня беспокоит».

Как бы отвечая Дудаеву, министр обороны Грачев провел пропагандистское мероприятие, внешне похожее на миротворческую акцию, но реально провоцирующее дальнейшую эскалацию конфликта. Грачев предложил чеченской оппозиции, возглавляемой Автурхановым, финансируемой, вооружаемой и комплектуемой ФСК, разоружиться при условии, что одновременно оружие согласятся сдать сторонники Дудаева. Иными словами, Дудаеву предложили разоружиться в одностороннем порядке (поскольку о разоружении российской стороны вопрос не стоял). Понятно, что такое предложение правительством Чеченской республики принято не было. 7 декабря Грачев встретился с Дудаевым, но переговоры оказались безрезультатными.

В тот же день в Москве состоялось заседание Совета безопасности (СБ), посвященное событиям в Чечне, а также закрытое заседание Государственной думы, на которое были приглашены руководители силовых ведомств. Последние в Думу не явились, так как не хотели отвечать на вопросы парламентариев относительно того, кто отдавал приказ вербовать российских военнослужащих и бомбить Грозный. Сегодня мы знаем, что вербовкой российских военнослужащих занималось, по указанию Степашина, ФСК, а директивы о бомбардировке Грозного исходили от министра обороны.

8 декабря чеченская сторона сообщила, что по имеющейся у нее информации Россия готовится к вводу войск на территорию республики и началу сухопутной войны с Чечней. 9 декабря на состоявшейся в Госдуме пресс-конференции

председатель думского комитета по делам Федерации и региональной политике, председатель Республиканской партии России Владимир Лысенко заявил, что в этом случае он поставит в Думе вопрос об отставке правительства России. Однако еще 8 декабря рабочая комиссия по переговорам об урегулировании конфликта в Чеченской республике достигла договоренности между представителями президента Дудаева и оппозицией о начале 12 декабря в 15 часов во Владикавказе переговоров. Со стороны федеральных властей в переговорах должны были участвовать двенадцать человек во главе с заместителем министра по делам национальностей и региональной политике РФ Вячеславом Михайловым. Со стороны Грозного — девять человек во главе с министром экономики и финансов Чечни Таймазом Абубакаровым. Со стороны оппозиции — три человека во главе с Беком Басхановым, прокурором Чечни. Прекращение кровопролития и налаживание нормальных взаимоотношений — таковы были, предположительно, основные проблемы, которые предстояло обсудить на переговорах между Москвой и Грозным. Переговоры со сторонниками чеченской оппозиции должны были касаться только разоружения.

Шансы на сохранение мира увеличивались, а у «партии войны» до 12 декабря оставалось не так много времени. Собственно, заявление рабочей комиссии по урегулированию чеченского конфликта предопределило дату начала сухопутных военных действий. Если мирные переговоры должны состояться 12-го, войну нужно начинать 11-го. Именно так поступило российское руководство: 11 декабря войска пересекли демаркационную границу Чеченской республики. В первые дни российские военные сводки сообщали об отсутствии реального сопротивления и потерь.

«Язык мой — враг мой». Уже 13 декабря Сосковец определил основные направления своей деятельности. Общие затраты на проведение мероприятий по нормализации ситуации в Чечне, сообщил он журналистам, могут составить около одного триллиона рублей. (Это именно те деньги, которые нужно будет сначала выделить из бюджета, а затем планомерно разворовывать.) Первоочередной задачей правительства является доведение выделенной помощи до населения Чечни, а особое внимание будет уделяться тому, чтобы она не была растрачена или разворована (то, что помощь до Чечни не дошла, а вся была растрачена и разворована в России сегодня мы знаем достоверно).

Сосковец подчеркнул, что не следует рассматривать чеченскую диаспору, проживающую в Москве и других городах России, в качестве потенциальных террористов. Обратим внимание на эту фразу. Никому в голову не приходило считать чеченскую диаспору потенциальными террористами. И терактов, собственно, еще не было. И война с Чечней вроде бы даже еще не считалась войной, а скорее преподносилась как милицейская акция. И не было пока больших потерь. А первый вице-премьер почему-то допускает организацию чеченцами терактов в России. Когда Сосковец отметил, что к чеченским гражданам в целом не будет принято дискриминационных мер, а вопрос о принудительной депортации чеченцев федеральными властями даже не рассматривается, стало ясно, что «партия войны» предлагает вести ее со всем чеченским народом на всей территории России, с введением дискриминационных мер и принудительной депортации.

Прекрасно понимая, куда клонит Сосковец и во что все это обойдется России, против «партии войны» резко выступил командующий 14-й российской армией в Приднестровье генерал-лейтенант Александр Лебедь. «Чеченский конфликт можно разрешить только дипломатическими переговорами, — заявил он в телефонном интервью из своего штаба в Тирасполе. — В Чечне один к одному повторяется афганский вариант. Мы рискуем развязать войну со всем исламским миром. Бойцы-одиночки до бесконечности могут жечь нашу бронетехнику, уничтожать солдат одиночными выстрелами. В Чечне мы наступили на те же грабли, что и в Афганистане, а это очень печально. Хорошо укрепленный Грозный с большим количеством запасов способен оказать длительное и серьезное сопротивление». Лебедь напомнил, что генерал Дудаев в советской армии командовал дивизией стратегических бомбардировщиков, способной вести войну в континентальных масштабах, а на такие посты «дураков не назначали».

14 декабря Москву начинают переводить на полувоенное положение, а москвичей пугать непременным чеченским террором. Органы министерства внутренних дел усиливают охрану объектов жизнеобеспечения города, сотрудники ФСК проводят работу по усилению их безопасности. Охрану многих государственных учреждений осуществляют милицейские патрули, вооруженные автоматическим оружием. МВД заявляет, что это вызвано опасностью присылки в Москву из Грозного групп террористов. Первых подозрительных террористов-чеченцев начинают отлавливать. Вечером 13 декабря возле ресторана «Прага» на Новом Арбате был задержан и доставлен в 5-е отделение милиции Москвы уроженец и житель Грозного чеченец Исраил Гетиев, взрывавший новогодние хлопушки и петарды. Пока еще такие сообщения вызывали улыбку. Тем не менее именно 14 декабря неожиданно пришло сообщение, что «счет жертвам и с той и с другой стороны идет уже на сотни», — за неполных три дня войны. Становилось не до смеха.

15 декабря открываются нешуточные масштабы предпринимаемой операции. Наряду с подразделениями МВД на Грозный движутся две общевойсковые дивизии Северо-Кавказского военного округа, а также десантные войска, представленные двумя десантно-штурмовыми бригадами. Кроме

того, на территорию Чечни вошли сводные полки Псковской, Витебской и Тульской дивизий воздушно-десантных войск (ВДВ) по 600—800 человек в каждом. В районе Моздока начали разгрузку сводные полки Ульяновской и Костромской дивизий ВДВ. Продвижение на Грозный осуществляется по четырем основным маршрутам: один — со стороны Ингушетии, два — от Моздока, один — из Дагестана. Войска готовятся к штурму Грозного. С чеченской стороны, по данным МВД и ФСК, в Грозном и вокруг него сосредоточены более 13 тысяч вооруженных людей.

Ельцин двигался к пропасти. После рассмотрения 17 декабря на заседании Совета безопасности плана «выполнения мероприятий по восстановлению конституционной законности, правопорядка и мира в Чеченской республике» СБ обязал министерство обороны (Грачев), МВД (В. Ерин), ФСК (С. Степашин) и Федеральную пограничную службу (А. Николаев) привлечь все силы для разоружения и уничтожения незаконных вооруженных формирований (НВФ) в Чечне и надежного закрытия государственной и административной границ Чеченской республики. Координировать эту работу должен был Грачев. В этот день либерально-демократический период России закончил свое существование. Фактически президент Ельцин совершил политическое самоубийство.

17 декабря МИД России сделало заявление о том, что с 00 часов 18 декабря подразделения войск МВД и МО вынуждены будут предпринять решительные меры с использованием всех имеющихся в наличии средств для восстановления на территории Чечни конституционной законности и правопорядка. Бандформирования будут разоружены, а при сопротивлении уничтожены. В заявлении МИДа указывалось, что гражданское население Чечни оповещено о необходимости срочно завершить выход из Грозного и других населенных

пунктов, в которых находятся бандформирования. Иностранным гражданам и журналистам, находящимся в зоне конфликта, МИД настоятельно рекомендовало покинуть Грозный и перебраться в безопасные районы. (Несмотря на предупреждения российского руководства, большая часть иностранных журналистов осталась в Грозном, и в гостинице «Французский двор», где они проживали, по-прежнему не хватало мест).

В тот же день Сосковец оповестил мир, что президент Дудаев вызван в Моздок на встречу с делегацией правительства России во главе с вице-премьером Николаем Егоровым и директором ФСК Степашиным. Сосковец отметил, что если Дудаев не прибудет в Моздок, то войска приступят к ликвидации незаконных вооруженных формирований. Сосковец сообщил, что расходы на проведение операции в Чечне за минувшую неделю составили по линии МВД 60 миллиардов, а по линии МО — 200 миллиардов рублей.

За четыре часа до истечения срока ультиматума, т. е. в 8 часов вечера 17 декабря, Дудаев предпринял последнюю попытку предотвратить войну и телеграфировал российскому руководству о согласии «начать без предварительных условий переговоры на соответствующем уровне и лично возглавить правительственную делегацию» Чеченской республики. Иными словами, Дудаев настаивал на личной встрече с Ельциным. Но так как деньги за организацию этой встречи Дудаев давать по-прежнему отказывался, ответа на свою телеграмму он не получил.

18 декабря в 9 часов утра российские войска, блокировавшие Грозный, приступили к штурму города. Фронтовой авиацией и армейскими вертолетами были нанесены «точечные удары по командному пункту Дудаева Ханкала близ Грозного, по мостам через Терек на северном направлении, а также по маневренным группам бронетехники». После уничтожения бронетехники, говорилось в сообщении Временного

информационного центра российского командования, планируется продвижение войск, блокировавших Грозный, для выполнения ими задач по разоружению незаконных вооруженных формирований на территории Чечни. Полномочный представитель президента Ельцина в Чеченской республике заявил, что у Дудаева осталась теперь единственная возможность: сдаться в плен.

18 декабря Сосковец, получивший теперь еще одну должность — руководителя оперативного штаба при правительстве России по координации деятельности органов исполнительной власти,— сообщил прессе, что в Грозном «изучают возможность» проведения террористических актов на военных и гражданских объектах в центральной России и на Урале, а также захвата пассажирского самолета. Поразительная осведомленность первого вице-премьера говорила о том, что в ближайшие дни нужно ждать терактов.

22 декабря пресс-служба правительства РФ сообщила, что чеченцы сами себя взрывают, чтобы свалить вину за взрывы на российскую армию. В опубликованном заявлении говорилось следующее:

> «Сегодня в 10 часов утра под председательством первого заместителя председателя правительства Олега Сосковца состоялось совещание, на котором присутствовали члены правительства, члены Совета безопасности, представители администрации президента. На совещании обсуждалась ситуация, сложившаяся в Чеченской республике, действия, предпринимаемые президентом и правительством для восстановления конституционной законности и экономической помощи населению районов, освобожденных от вооруженных формирований дудаевского режима. Доклады участников совещания свидетельствуют, что в минувшую ночь

продолжались операции по разоружению бандитских формирований, наносились бомбовые удары по опорным пунктам. Город Грозный бомбардировкам не подвергался. Однако усилиями боевиков имитировались бомбежки жилых кварталов. Около часа ночи были взорваны административное здание и жилой дом, жители которого — чеченцы и русские — не были предупреждены о готовящейся акции. Имитация бомбардировки произведена в качестве доказательства тезиса «войны против чеченского народа, которую ведет российское руководство». Этот тезис был обнародован вчера в дудаевском «обращении к мировому сообществу».

Иными словами, ответственность за разрушенные российскими войсками административное здание и жилой дом, в которых находились люди, пресс-служба правительства России пыталась свалить на чеченцев.

Инициированное Сосковцом сообщение, написанное сталинским слогом, было обнародовано за день до взрыва между станциями Кожухово и Канатчиково Московской окружной железной дороги (жертв не было, террористов не нашли). Именно 23 декабря можно считать началом террористической кампании ФСБ против России. С этого дня теракты стали обыденным явлением.

Глава 2

Шабаш спецслужб

> *Не хочу говорить высокие слова, но наши лучшие сотрудники, честь и гордость ФСБ, работают не ради денег. [...] Помните слова главного героя в фильме «Брат-2»: «Не в деньгах сила, американец, а в правде»? За эту правду сотрудники ФСБ и сражаются.*
>
> Н. П. Патрушев
> Из интервью «Комсомольской правде»
> 20 декабря 2000 г.

Обратим внимание на то, как 23 декабря описывает состоявшийся теракт пресс-служба российского правительства:

«Имеются данные о направлении [из Чечни] в Москву трех опытных боевиков, среди них женщина, которым поручено возглавить засланные ранее группы террористов. Задержана группа иностранных граждан, искавших контакт с боевиками из Грозного. У них изъята партия радиоуправляемых взрывных устройств, 20 кг тротила и 16 радиоуправляемых противопехотных и противотанковых мин. 23 декабря ночью на одном из участков Московской окружной железной дороги взорваны рельсы. Еще одна мина обезврежена. Принимаются меры по выявлению диверсионных групп, действующих в Москве и области».

Расследования терактов не произведено. Но все уже и так ясно. Сначала чеченцы заслали в Москву и область «диверсионные группы». Затем — трех опытных боевиков-руководителей. На помощь чеченским террористам из-за границы заслана «группа иностранных граждан» с тротилом и минами (видимо, прямо из-за границы они эти мины на себе и везли!). И как результат этой сложной подготовительной работы — теракт на одном из участков Московской окружной железной дороги с указанием, что диверсионные группы, уже засланные в Москву и область, не обезврежены (можно предположить, что теракты продолжатся).

В заявлении пресс-службы ложью было абсолютно все, кроме сообщения о взрыве 23 декабря на участке Московской окружной железной дороги. Судя по почерку, и этот теракт был произведен людьми Лазовского. По крайней мере, нельзя считать совпадением то, что уже через четыре дня в Москве был произведен новый теракт: 27 декабря 1994 года в 9 часов вечера внештатный агент ФСБ и служащий фирмы Лазовского «Ланако» Владимир Воробьев — потомственный военный (дед до 1920 года возглавлял Тульский оружейный завод «Арсенал»), кандидат технических наук, сотрудник академии им. Жуковского, работавший над новой системой противоракетной обороны, подполковник — заложил бомбу с дистанционным управлением в автобус на остановке 33-го маршрута

ВДНХ-Южная. Бомба взорвалась, когда автобус был без пассажиров. Пострадал только 23-летний водитель Дмитрий Трапезов. Он получил сильные ушибы и контузию. Стоявшие рядом троллейбусы были иссечены осколками.

Начальник Воробьева — Лазовский — работал не только на ФСК (ФСБ), но и на СВР. Куратором Лазовского по СВР был кадровый сотрудник службы внешней разведки Петр Евгеньевич Суслов, 1951 года рождения. Лазовский был одним из его секретных агентов.

Формально Суслов ушел из разведки в бизнес в 1995 году и с этого времени неоднократно выезжал в охваченный войной Грозный, Багдад, Тегеран, Арабские Эмираты и другие страны Ближнего Востока.

Суслов занимался внесудебными расправами. Для выполнения заданий, связанных с организацией и проведением силовых акций и ликвидаций, Суслов привлекал бывших специалистов из спецподразделений, прежде всего из подразделения специального назначения 1-го (Главного) Управления (ПГУ) КГБ СССР «Вымпел», хорошо владеющих навыками снайперской стрельбы, взрывного дела и обращения с пиротехникой. «Вымпеловцы» выполняли функции как инструкторов, так и исполнителей. Для финансового обеспечения этой работы был создан специальный фонд «Вымпел». Президентом этого фонда стал известный в России криминальный «авторитет» Сергей Петрович Кублицкий (уголовная кличка Воркута). Вице-президентом — Суслов. Одновременно Суслов был председателем совета директоров регионального общественного фонда «Правопорядок-центр» (Москва, ул. Воронковская, д. 21).

Суслов сохранил обширные связи в государственных силовых структурах, в том числе в руководстве ФСБ. По оперативным данным, полученным по линии Главного управления внутренних дел (ГУВД) по Московской области, Суслов поддерживал тесный контакт с генерал-майором Евгением Григорьевичем Хохольковым — начальником созданного летом 1996 года Управления перспективных программ (УПП), на базе которого в 1997 году было сформировано Управление разработки и пресечения деятельности преступных организаций (УРПДПО) ФСБ, чаще называемое сокращено УРПО (Управление разработки преступных организаций). Именно здесь в должности начальника направления 3-го отдела УРПО служил подполковник Алексей Кимович Антропов, закончивший школу разведки СВР по линии борьбы с международным терроризмом. И Лазовский, и Суслов были с Антроповым в хороших отношениях.

На этом самом секретном Управлении ФСБ с длинным, непонятным, незапоминающимся и часто меняющимся (из конспирации перед общественностью) названием следует остановиться подробнее. Управление было создано для определения и последующей нейтрализации (ликвидации) источников, представляющих государственную опасность. Иными словами — для внесудебных убийств, провокаций, терактов и похищений. Одним из заместителей Хохолькова был генерал-майор Н. Степанов. Другим заместителем был бывший министр госбезопасности Кабардино-Балкарской республики генерал-майор А. К. Макарычев. В составе УПП было собственное подразделение наружного наблюдения; свой помощник по безопасности — полковник Владимир Симаев; свое подразделение технических мероприятий; два частных детективных охранных агентства (частные охранные предприятия — ЧОП) — «Стелс» («Стеллс») и «Космическая альтернатива». Последнее занималось прослушиванием пейджеров, мобильных телефонов и проведением других оперативно-технических мероприятий. А вот «Стелс» была фирмой легендарной.

Эта частная охранно-детективная структура, как и УПП периодически меняющая свое название, была зарегистрирована на заре перестройки в 1989 году жителем Москвы Ивановым, являвшимся агентом 5-го Управления КГБ СССР (впоследствии Управления «З»). Использовался Иванов для борьбы с внутренним терроризмом и находился на связи у сотрудника Управления полковника В. В. Луценко. Это же Управление оперативно обеспечивало создание и функционирование «Стелса». За период с 1989 по 1992 год «Стелс» при содействии Луценко, который решал через ЧОП не столько оперативные, сколько личные вопросы (небезвозмездное обеспечение различного рода «крыш» коммерческим структурам), оброс обширными связями в криминальной и правоохранительной среде и выдвинулся в число известнейших охранных агентств России.

После увольнения из органов в 1992 году Луценко возглавил работу ЧОПа, предварительно переоформив его и став одним из учредителей. Наличие у Луценко устойчивых связей в различных управлениях бывшего КГБ, с одной стороны, и отток из российских спецслужб большого количества опытных оперативных сотрудников, сохранивших в свою очередь собственные наработанные связи и агентурные сети, — с другой, позволили Луценко привлечь на работу в «Стелс» высококвалифицированных профессионалов.

По линии своей прошлой оперативной деятельности (борьба с террором) Луценко сохранил устойчивые контакты с представителями бывшего 9-го Управления КГБ (охрана высших руководящих лиц страны). Это позволило Луценко выйти на Коржакова, Барсукова и их окружение и предложить использовать возможности руководимого им «Стелса» в интересах СБП и ФСК для осуществления нетрадиционных форм борьбы с организованной преступностью.

Предложение встретило одобрение, и в скором времени при участии первого заместителя Коржакова генерала Г. Г. Рагозина была разработана общая программа действий. Программа предполагала использование криминальных структур, экстремистских организаций, отдельных уголовников и переподготовленных бывших военнослужащих спецназа ГРУ МО, МВД и ФСБ для разложения преступных группировок, физической ликвидации уголовных «авторитетов» и лидеров ОПГ.

На практике же все вышло по устоявшемуся российскому принципу: хотели как лучше, а получилось — как всегда. «Стелс» обеспечивала «крышу» различным коммерческим структурам, исполняла различного рода «прессинговые» операции в отношении криминальных и коммерческих конкурентов, вплоть до заказных убийств. Для обеспечения указанной деятельности с подачи Коржакова, Барсукова и Трофимова было нейтрализовано возможное оперативно-уголовное преследование ЧОПа со стороны спецслужб и правоохранительных органов (ФСБ, МВД, налоговой полиции, генпрокуратуры и т.д.). До руководителей всех этих ведомств было доведено содержание изначальной программы, ради которой создавался «Стелс». Было достигнуто понимание в вопросе о том, что силовые структуры не расследуют деятельность «Стелса».

В качестве ударной силы «Стелса» использовалась «измайловская» организованная преступная группировка. Постепенно, с учетом финансовых и кадровых влияний со стороны «измайловской» ОПГ, «Стелс» превратился в «крышу» «измайловской» группировки, а Луценко — в управляемого руководителя. В аналогичном положении оказались и другие частные охранные предприятия, например «Кмети» и «Кобальт». Все они использовались в рамках реализации существующей программы нетрадиционной борьбы с оргпреступностью. Не без их участия был осуществлен ряд достаточно известных заказных убийств уголовных лидеров, коммерсантов и банкиров. Исполнителями этих акций были наемные убийцы из внештатных спецгрупп. Как правило, все операции отличались высокой профессиональной организацией и исполнением, с последующим устранением в случае необходимости самих наемных убийц и лиц, осуществлявших их прикрытие. Расследование данных преступлений правоохранительными органами судебных перспектив не имело. Случайно задержанные исполнители из числа уголовников до суда просто не доживали.

Со временем «Стелс» стал представлять из себя эффективную, оснащенную разнообразной техникой (в том числе специальной) и вооружением (частично нелегальным) охранно-детективную структуру, численность которой доходила до 600 человек. Приблизительно 70% кадрового состава составили бывшие сотрудники ФСБ-СБП, примерно 30% — бывшие сотрудники милиции. После создания в 1996 году Управления перспективных программ «Стелс» был передан в УПП, хотя сохранил определенную автономию.

Главный принцип работы УПП — «проблемный». Есть проблема, и ее нужно решить. Признаки существования такого принципа работы сформулированы в воспоминаниях Павла Судоплатова «Разведка и Кремль» (Москва, 1996), являющихся, кстати сказать, настольной книгой руководства Управления. Примером «проблемного» подхода к решению боевой задачи следует считать убийство президента Чечни Д. М. Дудаева. Те, кто организовывал это убийство, как раз и стояли у истоков создания УПП.

В каком-то смысле убийство Дудаева было заказным. Только заказано оно было руководством государства. Формальный, хотя и устный, приказ на устранение Дудаева поступил от президента России Ельцина. Предыстория этого решения загадочна. В двадцатых числах мая 1995 года начались неформальные переговоры между российской и чеченской стороной о прекращении военных действий и подписании мирного соглашения. С чеченской стороны организатором переговоров выступил бывший генеральный прокурор Чечни

Усман Имаев. С российской — известный бизнесмен Аркадий Вольский. Российская сторона пыталась уговорить чеченского генерала капитулировать. От имени российского руководства Вольский предложил Дудаеву выехать в любую страну и на любых условиях (как заявил Ельцин: *«куда угодно, и чем дальше от России, тем лучше»*).

На встрече с Дудаевым Вольский пережил не самые приятные минуты в своей жизни. Дудаев счел себя оскорбленным и был взбешен. Вольского от скорой расправы спас, видимо, только статус парламентера.

И все-таки начатые Вольским и Имаевым переговоры имели свое продолжение. Дудаев сумел договориться с Москвой о приостановке военных действий. Правда, за соответствующий указ с Дудаева затребовали очередную взятку в несколько миллионов долларов. Чтобы спасти людей, Дудаев деньги заплатил. Однако указ о приостановке военных действий российским правительством так и не был подписан. Люди из окружения Ельцина чеченцев «кинули».

Тогда Дудаев приказал Шамилю Басаеву либо вернуть деньги, либо добиться начала мирных переговоров. Басаев с этой задачей справился. В историю эта «разборка» по выколачиванию задолженности из Коржакова—Барсукова—Сосковца вошла под названием: «Захват Шамилем Басаевым 14 июня 1995 года в Буденновске больницы с заложниками». Заложников было больше тысячи.

«Альфа» уже захватила первый этаж больницы и вот-вот должна была расправиться с террористами. Но премьер-министр правительства России В. С. Черномырдин, взявший на себя роль посредника, справедливо рассудил, что чеченцев «кинули» не «по понятиям», пообещал немедленно начать мирные переговоры, настоял на прекращении операции и гарантировал беспрепятственный отход басаевцев вместе с заложниками назад в Чечню. Возможность отбить заложников и уничтожить басаевцев на обратном пути была. Стоявшее наготове спецподразделение внутренних войск «Витязь» только ждало приказа. Но приказа не последовало. Черномырдин дал Басаеву определенные гарантии и не сдержать слова не мог.

3 июля 1995 года президентом Ельциным был подписан оплаченный Дудаевым указ № 663 «О дислокации органов военного управления соединений, воинских частей, учреждений и организаций вооруженных сил Российской Федерации на территории Чеченской республики». 7 июля Ельцин подписал второй указ — о порядке реализации указа № 663.

После Буденновска у кремлевских чиновников в списке нежелательных свидетелей, кроме Дудаева, появился еще один человек — Шамиль Басаев. Его решили убрать силами специально созданной для этого оперативно-боевой группы под руководством начальника 3-го (разведывательного) отдела Управления военной контрразведки ФСБ РФ генерал-майора Юрия Ивановича Яровенко.

Тогда же была создана оперативно-боевая группа под командованием Хохолькова (в Чечне он работал под псевдонимом Денисов) для устранения Дудаева. В нее входил капитан 1-го ранга Александр Камышников (будущий заместитель начальника УРПО) и ряд других офицеров. Дислоцировалась группа на военной базе в Ханкале. В команду были введены сотрудники чеченской национальности, например Умар Паша. После ликвидации Дудаева он был переведен с повышением в Москву.

В операции использовалась авиация ГРУ, располагавшая двумя самолетами для наведения ракет по маяку в радиотелефоне; и Дудаеву сумели поменять обычный телефон на телефон с маяком.

22 апреля 1996 года Дудаев с женой Аллой и несколькими сопровождающими выехал из селения Гехи-Чу Урус-Мартан-

ского района на западе Чечни, где они провели ночь, в лес. Для разговоров по телефону он выезжал из селений, так как вдали от населенных пунктов его труднее было запеленговать. Сплошного леса в том районе не было, кустарник и отдельные деревья. Алла Дудаева стала готовить еду. Мужчины стояли в стороне. Дудаев запрещал подходить к нему во время разговоров по телефону, так как ранее был случай, когда во время телефонной связи по нему был нанесен авиаудар. Ракета в цель не попала.

В тот день Дудаев говорил по телефону дольше обычного, как выяснилось — с известным российским бизнесменом и политиком Константином Боровым, который поддерживал с Дудаевым связь до тех пор, пока она не прервалась. Управляемая ракета российского штурмовика Су-24, наведенная на сигнал спутникового телефона Дудаева, разорвалась совсем близко. Дудаеву обожгло лицо, оно было желто-оранжевого цвета. Подъехала машина. Президента Чечни посадили на заднее сиденье, рядом с ним села жена. Дудаев был без сознания. С правой стороны за ухом у него была рана. Не приходя в сознание, он умер.

Похороны Государственный комитет обороны Чечни поручил Лече Дудаеву, племяннику чеченского президента. О месте захоронения Дудаева должен был знать узкий круг лиц, в том числе Зелимхан Яндарбиев, избранный после гибели Дудаева председателем ГКО и исполнявший обязанности президента Чеченской республики до выборов 1997 года. Согласно чеченским источникам, после того как в мае 1996 года в аэропорту города Нальчик были задержаны вдова чеченского президента Алла Дудаева и личный телохранитель Дудаева Муса Идигов, останки чеченского президента срочно перезахоронили. После гибели во вторую чеченскую войну Лечи Дудаева о новом месте захоронения Джохара Дудаева не знает ни один официальный источник.

Устранение Дудаева было, наверное, самой удачной операцией Хохолькова и его группы. Сам Хохольков за выполнение боевой задачи был представлен к званию «Героя России», но предпочел награде должность начальника только что созданной новой структуры — УПП — и звание генерал-майора.

Летом 1996 года «Стелс» лишился поддержки в лице государственных структур и оказался полностью под контролем «измайловской» ОПГ. Единственным серьезным контактом Луценко на государственном уровне оставалось УПП-УРПО, которым руководил генерал Хохольков.

Поглощение оргпреступных группировок силовыми ведомствами руководству ФСБ казалось естественным и разумным шагом. Правда, логика событий все чаще и чаще толкала спецслужбы на путь чистой уголовщины. Теоретически противостоять этому должно было Управление собственной безопасности (УСБ) ФСБ. Однако реально УСБ не могло бороться против массовых преступлений, совершаемых при прямом попустительстве или участии ФСБ и СБП России. Борьбу с организованной преступностью вел теперь только уголовный розыск. В январе 1996 года на работу в Московский уголовный розыск (МУР) был переведен «последний романтик уголовного розыска» 38-летний Владимир Ильич Цхай.

Глава 3

МУР против ФСБ

Цхай возглавил 12-й отдел, специализирующийся на раскрытии заказных убийств, а уже через десять месяцев стал заместителем начальника МУРа. «Он был сыщиком от Бога, и такого больше не будет», — говорили о нем друзья. «С Цхаем было легко и интересно работать, — рассказывал следователь по особо важным делам московской городской прокуратуры А. Супруненко. — Грамотный, порядочный человек. Из романтиков. Он был связующим звеном между оперсоставом и следствием, верил в то, что можно поднять самые запутанные дела...»

Именно Цхай сумел разоблачить группу, занимавшуюся подделкой удостоверений силовых ведомств. Со стороны ФАПСИ подключилось УСБ этого ведомства под руководством полковника Сергея Юрьевича Барковского. Московский журналист Александр Хинштейн в одной из своих статей, видимо заказанной ФСБ, написал, что изготовлением фальшивых документов руководил сам Лазовский и что именно поэтому у его людей оказались «документы прикрытия» ФСБ, ФАПСИ, ГРУ и МО. Однако это не так. Лазовский к делу о фальшивых служебных удостоверениях, раскрытому Цхаем, вообще не имел отношения. Неудивительно, что Барковский в своем рассказе Лазовского не упоминает, а называет организаторами совсем других людей. Вот что говорит Барковский:

> «Отличить фальшивки от настоящих документов оказалось довольно сложно даже для специалистов. Порой «липа» была даже лучшего качества. Экспертиза показала — мастерская явно одна. В результате целого комплекса оперативно-розыскных мероприятий были задержаны четыре очень даже нерядовых человека. Один из них — бывший замначальника отдела КГБ СССР, а ныне глава фирмы с симптоматичным названием «Честь». Другой — руководитель одной из московских типографий, бывший начальник типографии аппарата ЦК КПСС. В их компании был бывший лейтенант ФАПСИ, который в бытность своей службы имел отношение к оформлению пропусков. Предполагается, что именно ему принадлежала идея производства поддельных документов. И один очень талантливый гравер».

Из рассказа Барковского следует, что подделки создавались не бандитами, а бывшим номенклатурным работником (аппарат ЦК КПСС) и сотрудником спецслужбы (ФАПСИ). А если так, нельзя исключить, что и лаборатория по изготовлению качественных подделок была создана с разрешения ФСБ и ФАПСИ и ими же контролировалась.

Но вернемся к Лазовскому. Ликвидация группировки Лазовского в феврале-августе 1996 года стала главной удачей 12-го отдела МУРа. Кадровый состав группы Лазовского не был сформирован по географическому принципу, как у обычных ОПГ. «Бригада» была интернациональной, что указывало на ее специфику. Под Лазовским работали и чеченцы, и выходцы из Казахстана, и боевики из группировок близлежащих к столице городов. Марат Васильев был москвич, Роман Полонский — из Дубны, Владимир Абросимов — из Тулы, Анзор Мусаев из Грозного... Группа была хорошо экипирована.

С 1995 года Лазовский находился в федеральном розыске по ст. 209 («бандитизм») УК РФ. Ему вменялось в вину несколько эпизодов. Так, в декабре 1993 года группировкой Лазовского были убиты инкассаторы, перевозившие деньги для акционерного общества ММСТ и похищены 250 тысяч долларов.

Тогда же возникли разногласия вокруг сделок, связанных с поставками нефтепродуктов, между «Ланако» и корпорацией «Виктор». 10 января 1994 года неизвестные (очевидно, что по заказу фирмы «Виктор») обстреляли из гранатомета автомобиль председателя правления и директора фирмы «Ланако» Владимира Козловского (давшего первый слог своей фамилии в качестве третьего слога названия фирмы «Ланако»).

Чуть ли не в тот же день взорвалась бомба у двери одного из руководителей «Виктора». 12 января 1994 года у квартиры другого руководителя «Виктора» произошел столь мощный направленный взрыв, что стальная входная дверь влетела в квартиру, пробив встретившуюся на пути стену. По счастливой случайности никто из находившихся в квартире не пострадал. Но в доме начался пожар, соседи были вынуждены выпрыгивать из окон. Двое разбились насмерть, несколько человек получили ранения.

13 января неизвестные приехали в офис «Ланако» в Москве (Переведеновский пер., д. 2, корп. 3), где между ними и сотрудниками «Ланако» произошла перестрелка. Через 10 минут после этого прибыл ОМОН, который взял офис штурмом (жертв по счастливой случайности не было), задержал около 60 человек и отвез в отделение, где была сделана видеозапись арестованных. После этого почти всех отпустили. На следующий день в милиции оставались только четыре охранника, имевшие при задержании оружие. Вскоре их судили. Однако за перестрелку с милицией наказание провинившиеся получили мягкое: двоих отпустили из зала суда, двоим дали по году лагерей.

4 марта 1994 года в ресторане «Дагмос» на улице Казакова между боевиками Лазовского и дагестанской банды разыгралось настоящее сражение, в котором с каждой из сторон приняло участие до тридцати человек. В результате были убиты семь человек, двое ранены. Все погибшие — члены так называемой дагестанской ОПГ.

16 июня того же 1994 года возле офиса банка «Кредит-Консенсус» из автоматов были расстреляны три члена таганской преступной группировки. Лазовский потребовал от банка заплатить ему два с половиной миллиарда рублей — проценты от спорной суммы между банком и фирмой Росмясомолоко. Банк обратился за помощью к таганской преступной группировке, своей «крыше». Когда таганские бандиты отказались платить Лазовскому, произошел бой.

Одно из самых зверских преступлений Лазовский совершил 5 сентября 1994 года. В 1994 году между Лазовским и его партнером — совладельцем Грозненского нефтеперерабатывающего завода (НПЗ) Атланом Натаевым (давшим фирме «Ланако» две первые буквы своей фамилии для второго слога) — начались раздоры. Последний раз Натаева видели примерно в 10 часов вечера 5 сентября 1994 года у метро

«Динамо» в темно-синем БМВ 740 модели, принадлежащем «Ланако», с двумя телохранителями — Робертом Руденко и Владимиром Липатовым, — которые тоже исчезли. В милицию сообщать об исчезновении своих сотрудников Лазовский не стал.

По случайному стечению обстоятельств 7 сентября Региональное управление по борьбе с организованной преступностью (РУОП) под руководством Владимира Донцова произвело в офисе «Ланако» «оперативный досмотр». Во время досмотра сотрудники московского РУОПа обнаружили незарегистрированное оружие, в частности пистолеты ТТ. Однако этот факт не привлек к себе должного внимания. Задержан никто не был.

Как выяснилось позже, Натаев, Руденко и Липатов были похищены Полонским и Щеленковым и отвезены под Москву на дачу в поселок Академии наук. Там Натаева убили, после чего отрезали у трупа голову. Затем вместе с пленными телохранителями труп вывезли в Ярославскую область, на торфяные болота, где расстреляли и обезглавили Руденко и Липатова. Всех троих зарыли в торф. В 1996 году три трупа выловили из торфа сотрудники МУРа. У Натаева нашли удостоверение офицера генштаба.

18 сентября в Москву прибыл обеспокоенный брат Натаева. Лазовский вызвал его на разговор на автостоянку своего дяди Николая Лазовского, на улице Буракова. Хозяин автостоянки отпустил домой охрану, чтобы не было свидетелей, а когда второй Натаев прибыл на встречу, Щеленков, Полонский и Гришин встретили его огнем из автоматов, пистолетов и даже обреза охотничьего ружья. Отстреливаясь, Натаев произвел 14 выстрелов, и, перед тем как был убит сам, сразил Полонского и Гришина. Огонь был настолько интенсивным, что на стоянке загорелось несколько машин. Подоспевшая милиция застала только лужи крови и стреляные гильзы. А

еще через несколько минут с подстанции «скорой помощи» поступило сообщение, что у врачей находится труп Полонского. (На улице Короленко шестеро неизвестных перегородили дорогу «Волгой», остановили автомобиль «скорой» и передали медикам тело Полонского.)

Группа Лазовского совершила также убийство гендиректора туапсинского нефтеперерабатывающего завода Анатолия Василенко. Василенко, являвшийся давним партнером «Ланако», был застрелен в Туапсе перед собранием учредителей. По оперативным данным незадолго до этого Лазовский чартерным рейсом летал в Туапсе на встречу с Василенко (в аэропорту Лазовского встречали сотрудники туапсинского ФСБ) и, видимо, не нашел с ним общего языка. Подозревался Лазовский и в похищении в 1996 году депутата Госдумы Ю. А. Полякова. Однако это дело осталось «висяком».

Очевидно, что до перевода Цхая на работу в МУР Лазовского не искали. После взрыва на Яузе «Ланако» не заинтересовались прежде всего потому, что фирма была эфэсбэшной. По сообщению МУРа, «документы прикрытия» использовали почти все члены группы Лазовского, причем речь шла не о подделках, а о подлинных документах. Из этого сотрудники МУРа сделали вывод о том, что «Ланако» тесно связана со спецслужбами, тем более что сам Лазовский участвовал в операциях по вызволению из чеченского плена сотрудников Лубянки.

Руководителей фирмы «Ланако» неоднократно замечали и даже задерживали в компании офицеров ФСБ, Московским управлением которой в то время заведовал Савостьянов. Личную охрану Лазовского и службу безопасности его фирмы возглавлял действующий офицер Московского управления по незаконным вооруженным формированиям УФСБ майор Алексей Юмашкин. Сотрудниками Юмашкина были офицеры ФСБ Карпычев и Мехков (именно они во время одного из задержаний милицией Лазовского достали удостоверения ФСБ и были вместе с Лазовским отпущены). Близкий друг и соратник Лазовского Роман Полонский носил в кармане удостоверение сотрудника ГРУ и офицера генштаба (когда 18 сентября 1994 года Полонского застрелили на автостоянке на улице Буракова, на поясе у него висела кобура, а в кармане лежало удостоверение сотрудника ГРУ Минобороны России).

В феврале 1996 года оперативники МУРа выследили Лазовского в Москве на квартире некоего Тростанецкого, проживавшего на Садово-Самотечной улице. Во дворе этого дома Лазовского и его телохранителя Марселя Харисова арестовали при посадке в джип, за рулем которого сидел Юмашкин. Задерживал Лазовского лично Цхай. Он же добился санкции на арест и обыск. При обыске у Лазовского нашли 1,03 г кокаина и заряженный пистолет ПМ, а в квартире Тростанецкого изъяли револьвер, гранату и охотничье ружье. Наркотики и незарегистрированный пистолет ТТ муровцы нашли также у Харисова. Обоих отвезли в следственный изолятор (СИЗО) ФСБ Лефортово, где на вопросы следователей они отвечать отказались. Юмашкина забрал из-под ареста дежурный офицер УФСБ.

Кроме МУРа разработкой Лазовского занимался 1-й отдел Управления по борьбе с терроризмом (УБТ) ФСК РФ. С 1994 года дело это вел старший оперуполномоченный по особо важным делам майор Евгений Макеев. Начальником 1-го отдела в то время был Александр Михайлович Платонов. Уже тогда оперативные работники понимали, что такое Лазовский и кто за ним стоит, поэтому Платонов предупредил Макеева, что дело важное и сложное, посадил его в маленький кабинет на девятом этаже реконструированного старого здания Лубянки вместе с еще одним сотрудником и попросил материалы дела оперативного учета ни с кем не обсуждать. Сотрудником, оказавшимся в кабинете Макеева, был Александр Литвиненко. Именно от Макеева он впервые услышал, что Московское управление ФСБ превратилось в банду преступников.

Однако в 1995 году Платонова отстранили от оперативной работы. Начальником отдела стал подполковник Евгений Александрович Колесников (сегодня он уже генерал-майор), пришедший в ФСБ из ФСО после того, как в июне 1995 года Барсуков был назначен директором ФСБ. Работа по разработке группировки Лазовского в ФСБ была блокирована. Санкции на проведение мероприятий по Лазовскому продолжал давать только заместитель начальника отдела полковник Анатолий Александрович Родин, назначенный еще при Платонове. Тогда Родина и Макеева уволили.

Всего по делу Лазовского и «Ланако» МУРом были установлены как причастные к банде Лазовского шесть оперативников Московского УФСБ, что не осталось незамеченным журналистами. 11 ноября 1996 года «Новая газета» опубликовала запрос депутата Госдумы, заместителя главного редактора «Новой газеты» Юрия Щекочихина:

> Директору ФСБ Российской Федерации
> Ковалеву Н. Д.
> *Копии:*
> Министру МВД Российской Федерации Куликову А. С
> Генеральному прокурору Российской Федерации
> Скуратову Ю. И.
> Главе Администрации Президента Российской
> Федерации Чубайсу А. Б.
>
> В Комитет по безопасности Государственной думы России на мое имя поступило письмо от одного из высокопоставленных офицеров МВД РФ. В нем, в частности, утверждается, что «в последнее время намечается тенденция сращивания организованных преступных группировок с сотрудниками правоохрани-

тельных органов и спецслужб». Для того чтобы иметь возможность подтвердить или опровергнуть вывод, сделанный автором письма, прошу Вас ответить на ряд нижеследующих вопросов:

1. Числятся ли в личном составе УФСБ по Москве и Московской области названные в письме люди: Карпычев С. Н., Мехков С. Н., Юмашкин А. А., Абовян Э. А., Дмитриев Л. А., Докукин А. А.?

2. Правда ли, что ранее судимый президент фирмы «Витязь», специализирующейся на операциях с нефтью, Сергей Петрович Кублицкий с прошлого года использует в качестве личных телохранителей сотрудников УФСБ РФ по Москве и Московской области Карпычева С. Н. и Мехкова С. Н. и в их сопровождении неоднократно встречался с руководством Туапсинского нефтеперерабатывающего завода и представителями фирмы «Атлас», владеющей контрольным пакетом акций НПЗ?

3. Правда ли, что следователи прокуратуры г. Краснодара неоднократно пытались допросить в качестве свидетеля по уголовному делу об убийстве директора Туапсинского НПЗ сотрудника УФСБ по Москве и Московской области майора Юмашкина А. А., выполняющего в том числе функции личной охраны лидера межрегиональной преступной группировки Лазовского М. М., но так и не смогли этого сделать? Насколько соответствуют действительности сведения о том, что, начиная с 1994 года, майор Юмашкин А. А. является близким деловым партнером Лазовского и неоднократно вместе с ним приезжал в г. Туапсе и г. Краснодар, где они вдвоем решали вопросы, связанные с нефтяным бизнесом?

4. Правда ли, что 17 февраля текущего года работниками МВД РФ вместе с Кублицким С. П. и Лазов-

ским М. М. были задержаны сотрудники УФСБ РФ по Москве и Московской области Юмашкин А. А., Карпычев С. Н., Мехков С. Н.? Если да, то насколько верно то, что после проверки предъявленных Карпычевым и Мехковым удостоверений сотрудников ФСБ их обоих отпустили? Были ли уведомлены о задержании сотрудников УФСБ по Москве и Московской области руководство ФСБ РФ и первый заместитель министра МВД РФ генерал-лейтенант Колесников В. И.? Действительно ли арестованный Лазовский подозревается правоохранительными органами и Прокуратурой РФ в совершении ряда заказных убийств? Допрашивался ли по ходатайству специалистов из правоохранительных органов Краснодарского края, расследующих убийство директора Туапсинского НПЗ, задержанный Кублицкий?

5. Правда ли, что 16 октября прошлого года сотрудники Московского РУОП задержали Янина А. Н., 1958 г.р., проживающего в Москве, среди изъятых документов которого находилась квитанция на сданный в камеру хранения Центрального аэровокзала багаж? Верно ли, что в багаже Янина милиционеры обнаружили не значащиеся в картотеке МВД РФ 5 автоматов АКС-74У, 5 магазинов к АКС, 30 патронов калибра 5,45 и 3 патрона калибра 7,62? Справедливо ли утверждение о том, что это оружие было изъято у преступных группировок и, согласно документам, хранилось в УФСБ по Москве и Московской области? Истинна ли информация о том, что, после того как в СКМ [Служба криминальной милиции] «Аэропорт» 17.10.95 следователем Шолоховой в отношении Янина А. Н. было возбуждено уголовное дело номер 1646 по ст. 218 4.1 УК РСФСР, в РУОП прибыли два сотрудника службы по борьбе с незаконны-

ми вооруженными формированиями и бандитизмом УФСБ по Москве и Московской области, один из которых, полковник Эдуард Арташесович Абовян, добился освобождения из-под стражи задержанного Янина? Если да, то имел ли полковник Абовян, настаивая на освобождении Янина, основания утверждать и утверждал ли вообще, что он выполняет задание своего непосредственного начальника — генерала Семенюка, причем с ведома первого заместителя директора ФСБ РФ, начальника УФСБ по Москве и Московской области генерала Трофимова? Имеет ли полковник Абовян свободный доступ к специальной технике и оружию, находящимся в распоряжении УФСБ по Москве и Московской области, в том числе к изделию «Грач-Гранит»? Какое отношение, если оно существует, имеет полковник Абовян к коммерческой деятельности банка Мосинрасчет и комбината «Тверское пиво»?

6. Правда ли, что 17 октября с. г. сотрудники РООП Северного округа г. Москвы задержали машину БМВ-525 со съемными номерами 41-34 МОК, которой ранее активно пользовался уже упоминавшийся мною Кублицкий С. П., в криминальных кругах больше известный как Воркута? Находились ли в задержанном автомобиле не имевшие на него никаких документов водитель и три пассажира, предъявившие сотрудникам РООП два удостоверения работников УФСБ по Москве и Московской области: на имя капитана Дмитриева Л. А. и прапорщика Докукина А. А., после чего были отпущены?

С уважением

Юрий ЩЕКОЧИХИН,
член Комитета по безопасности
Государственной думы РФ

Упомянутый в запросе Щекочихина полковник ФСБ Абовян, работавший в отделе по борьбе с незаконными бандитскими формированиями, был куратором Лазовского по линии ФСБ.

23 ноября 1996 года первый заместитель министра внутренних дел Владимир Колесников направил Щекочихину в комитет Госдумы ответ, в котором сообщил: «Действительно... в ходе проведенных в г. Москве мероприятий по захвату вооруженных преступников, помимо Лазовского, в числе доставленных в органы внутренних дел оказались лица, предъявившие удостоверения личности от имени правоохранительных и иных государственных служб... Принятыми мерами в настоящее время Лазовскому и другим соучастникам вменяется более 10 умышленных убийств в различных регионах России»...

Итак, Колесников ушел от ответов на конкретные вопросы, поставленные в запросе Щекочихина. Оставалось только ждать суда над преступниками.

Дважды со Щекочихиным встречался директор ФСБ Ковалев. В конце года Щекочихин получил от него два ответа — одинаковых по сути. Один, секретный, остался в архивах Госдумы. Другой, открытый, Щекочихин сделал достоянием общественности:

> «По фактам и обстоятельствам, изложенным в депутатском запросе в «Новой газете», Федеральной службой безопасности проведено служебное расследование... Как показало разбирательство, в их [сотрудников УФСБ] действиях имели место определенные отступления от требований ведомственных нормативных актов, что в сочетании с недостатком практического опыта и профессионализма и могло послужить причиной инцидента, привлекшего Ваше внимание.

> При этом особую озабоченность вызывает то обстоятельство, что конфликт произошел между сотрудниками двух ведомств, ведущих оперативно-служебную деятельность в криминальной среде. Вместе с тем, несмотря на это досадное недоразумение, основная задача решена — банда Лазовского обезврежена...»

Особую озабоченность Ковалева вызвало не сотрудничество УФСБ Москвы и Московской области с организованными преступными группировками, террористами и криминальными «авторитетами», а действия сотрудников МУРа во главе с Цхаем. Что касается самих сотрудников УФСБ, то в их поведении Ковалев усмотрел лишь «определенные отступления от требований ведомственных нормативных актов». По-своему Ковалев был прав. Принципиальной разницы между сотрудниками спецслужб и боевиками Лазовского он не видел, а потому искренне не мог понять Щекочихина.

Служебного расследования по линии ФСБ, разумеется, никто не проводил, уволен никто не был. Абовяну, кажется, изменили фамилию и оставили на службе. В суд или военную прокуратуру материалы проверок переданы не были. От первого заместителя главного военного прокурора генерал-лейтенанта юстиции Г. Н. Носина был получен ответ следующего содержания: «По результатам проверки в отношении офицеров УФСБ по Москве и Московской области, упомянутых в письме, в возбуждении уголовного дела отказано». Про Юмашкина московское УФСБ на запрос корреспондента «Коммерсанта» честно сообщило, что Юмашкин выполнял спецзадание по контролю за действиями банды Лазовского. В 1997 году майор Юмашкин все-таки засветился и стал фигурантом в уголовном деле по факту заказных убийств, возбужденном Таганской прокуратурой Москвы. Но, поскольку, видимо, и при организации заказных убийств Юмашкин выполнял очередное спецзадание, он продолжал служить в московском УФСБ и в 1999 году получил очередное воинское звание подполковника.

Единственной жертвой депутатского запроса Щекочихина стал начальник московского УФСБ, заместитель директора ФСБ России Анатолий Трофимов, отстраненный от должности в феврале 1997 года. Пресс-секретарь президента России Сергей Ястржембский заявил, что Трофимова отстранили «за грубые нарушения, вскрытые проверкой Счетной палаты РФ, и упущения в служебной деятельности».

Согласно другой версии Трофимова уволили как раз за то, что он попытался разобраться в сути запроса Щекочихина. Рассказывают, что, прочитав запрос, Трофимов вызвал к себе одного из замов и приказал ему подготовить бумаги на увольнение всех упомянутых в нем сотрудников. А в результате уволили самого Трофимова, воспользовавшись скандалом, вызванным арестом двух его подчиненных. Они были арестованы МУРом и Главным управлением по незаконному обороту наркотиков за торговлю кокаином. Трофимов был уволен через два дня после того, как СМИ сообщили о задержании наркодельцов со служебными удостоверениями офицеров московского УФСБ.

Следует подчеркнуть, что тема вовлечения конкретных сотрудников (и ФСБ в целом) в террористическую деятельность, списываемую на чеченцев, не поднималась ни в запросе Щекочихина, ни в ответах официальных лиц. На суде никто из сотрудников силовых ведомств, обвиненных согласно заявлению Колесникова в общей сложности в более чем десяти убийствах, найден виновным не был. 31 января 1997 года Лазовский и Харисов предстали перед Тверским судом, который длился всего три дня. Подсудимых обвинили в хранении оружия, наркотиков и подделке документов ФАПСИ и МО. О терактах и заказных убийства никто из прокуроров и судей не заикнулся. Адвокаты справедливо доказывали, что подделки документов не было, так как подсудимые носили подлинные документы сотрудников спецслужб и силовых ведомств, — и пункт о подделке документов из обвинения пришлось исключить. В уголовном деле вообще не было данных об использовании подсудимыми фальшивок (что само по себе явилось веским аргументом в пользу слияния структур Барсукова—Ковалева—Лазовского). Хранение и перевозка наркотиков также исчезли из обвинения — иначе Лазовского и Харисова пришлось бы судить за наркотики, а это серьезная статья.

Адвокат Лазовского Борис Кожемякин пытался отвести и обвинение в хранении оружия. Он утверждал, что в момент задержания Лазовский и Харисов находились вместе с сотрудником УФСБ Юмашкиным, с которым провели значительную часть дня, что Лазовский и Харисов находились при исполнении задания спецслужб, и именно для этого они получили оружие и «документы прикрытия». Однако вопрос о сотрудничестве Лазовского и Харисова со спецслужбами судью Елену Сташину почему-то не заинтересовал, а представители УФСБ явиться в суд отказались. В результате подсудимые все-таки были признаны виновными в незаконном хранении оружия и приговорены беспристрастным судом к двум годам лишения свободы и штрафу в 40 млн. рублей каждый. Выслушав приговор, Борис Кожемякин заявил, что рассчитывал на более мягкое наказание.

Свой срок Лазовский отбывал в одной из зон под Тулой вместе с подельником-телохранителем Харисовым (что категорически запрещает инструкция). В зоне Лазовский вербовал из числа уголовников в свою группу новых боевиков, штудировал Библию и даже написал трактат о благоустройстве России. В феврале 1998 года он вышел, так как ему зачли время, проведенное под следствием.

Между тем к лету 1996 года Россией была проиграна война в Чечне. Военные действия нужно было прекращать, а с чеченскими сепаратистами вести политические переговоры. С большим трудом развязанный спецслужбами межнациональный конфликт на Северном Кавказе грозил завершиться мирным соглашением. Чтобы сорвать мирные переговоры, ФСБ провела в Москве серию терактов. Поскольку взрывы без жертв на москвичей должного впечатления не производили, ФСБ приступила к терактам с жертвами. Обратим еще раз внимание на то, насколько своевременно производятся теракты сторонниками войны и насколько невыгодны они сторонникам мира в России и самим чеченцам.

11 июня 1996 года в десятом часу вечера на Серпуховской линии московского метро, станция «Тульская», прогремел взрыв в полупустом вагоне поезда. Четверо погибли, двенадцать человек были госпитализированы. 11 июля, ровно через месяц, происходит теракт в троллейбусе 12-го маршрута на Пушкинской площади: шестеро раненых. На следующий день, 12 июля взрывом уничтожается троллейбус 48-го маршрута на проспекте Мира. Двадцать восемь человек ранены. По Москве упорно распространяется информация о «чеченском следе» терактов (хотя террористов не поймали и, соответственно, не определили, чеченцы они или нет). Мэр города Юрий Лужков прямо на месте взрыва последнего троллейбуса, до проведения предварительного расследования объявил, что выселит из Москвы всю чеченскую диаспору, хотя у мэра не было никаких доказательств.

Однако вторая волна террора, как и первая, не привела к резким изменениям в общественном мнении. В начале августа 1996 года боевики с боями прорвались в Грозный, а в конце августа секретарем СБ А. Лебедем и новым президентом Чечни Асланом Масхадовым были подписаны Хасавюртовские соглашения. Сторонники войны в Чечне проиграли. Террористические акты в Москве прекратились — до начала новой операции ФСБ по разжиганию очередной чеченской войны.

Кто именно из сотрудников ФСБ организовывал взрывы в Москве летом 1996 года, сказать трудно. Лазовский был под арестом. Но очевидно, что в распоряжении ФСБ было много аналогичных структур, причем не только в Москве. Так, 26 июня 1996 года газета «Сегодня» опубликовала заметку об эфэсбешной преступной организации в Санкт-Петербурге. Она состояла «преимущественно из бывших сотрудников КГБ». Создав несколько фирм, бывшие чекисты кроме «чистой» коммерции торговали пистолетами, взрывчаткой и наркотиками, а также занимались переправкой из Германии в Россию угнанных «Мерседесов» и «БМВ».

Наконец, взрывы в Москве могли организовывать оставшиеся на свободе люди группировки Лазовского. Основания для этой версии серьезные.

В феврале 1996 года в Москве возле ломбарда на Большой Спасской улице сотрудники МУРа при попытке продать револьвер «Таурус» задержали некоего Владимира Акимова, оказавшегося бывшим шофером Лазовского. Под влиянием сообщений СМИ о новой волне терактов на транспорте в Москве в июне-июле 1996 года, находящийся под следствием Акимов стал давать показания о взрыве автобуса 27 декабря 1994 г. «Сегодня, находясь в СИЗО-48/1 и видя политическую ситуацию по телевизору, — писал Акимов, — считаю своим долгом сообщить о взрыве автобуса...» Акимов сообщил, что 27 декабря вместе с Воробьевым выехал на «рекогносцировку» к автобусной остановке ВДНХ-Южная на «Жигулях». Были намечены пути отхода. Вечером того же дня на той же машине, оставив ее недалеко от конечной автобусной остановки, Акимов и Воробьев вернулись на проспект Мира, где сели в ЛиАЗ 33-го маршрута. Когда в автобусе осталось несколько пассажиров, — показал далее Акимов, — он и Воробьев заложили бомбу мощностью в 400 г аммонита под сиденье у правого заднего колеса. Выйдя на конечной остановке, Акимов пошел прогревать машину, а Воробьев привел бомбу в действие с помощью дистанционного устройства.

Утром 28 августа 1996 года к тому времени отставной подполковник Воробьев был арестован Цхаем в момент, когда шел на встречу с сотрудником ФСБ, и доставлен в МУР на Петровку, 38, где он, если верить приговору суда, все без утайки рассказал столичным сыщикам, в том числе и то, что является внештатным сотрудником ФСБ. Вскоре Акимов от своих показаний отказался, хотя они были даны в письменной форме. Отказался от своих показаний и Воробьев. Мосгорсуд под председательством Ирины Куличковой, очевидно, под давлением ФСБ, снял с Акимова обвинения в соучастии в теракте и приговорил к трем годам за незаконную продажу револьвера. Так как обвинительный приговор выносился в конце апреля 1999 года и свои три года он провел под следствием, Акимов вышел из зала суда на волю.

Воробьев, в свою очередь, был приговорен к пяти годам лагерей. Суд был закрытым. В зал заседаний не пустили даже родственников подсудимого. ФСБ дала Воробьеву как своему сотруднику положительную характеристику, которая была подшита в уголовное дело. В последнем слове Воробьев заявил, что дело против него сфабриковано теми, кто хочет бросить тень на ФСБ и на него как внештатного агента спецслужбы. Сам приговор он объявил «издевательством над спецорганами». Позже Верховный суд РФ снизил Воробьеву срок до трех лет (которые Воробьев к тому времени фактически провел в заключении). В конце августа 1999 года Воробьев вышел, хотя и Акимов и следователи считали его причастным к терактам 1996 года. ФСБ еще раз доказала, что не бросает своих сотрудников и в конечном итоге добивается их освобождения.

О причастности к летним взрывам группировки Лазовского Цхаю стало известно из еще одного источника — от Сергея Погосова. В конце лета — начале осени 1996 года от оперативного источника была получена информация, что в Москве в центре города (в районе Нового Арбата, недалеко от Дома книги и кинотеатра «Октябрь»), в квартире 100—150 кв. м, на верхнем этаже проживает некто Сергей Погосов. В квартире на первом этаже того же дома находился офис его фирмы. По имеющимся оперативным данным, Погосов был непосредственно связан с Лазовским и его боевиками. Были установлены и взяты на контроль телефоны Погосова: домашний 203-1469, рабочий 203-1632 и мобильный 960-8856. Они прослушивались в течение двух недель по заданию 1-го отдела Управления антитеррористического центра (АТЦ) ФСБ (бывший УБТ). Из прослушивания стало известно, что Погосов оплачивает адвокатские расходы арестованного Лазовского и собрал крупную сумму на взятки для его освобождения. На квартире Погосова также хранились деньги, предназначавшиеся для боевиков Макса.

Информация была доложена Цхаю, который лично получил в прокуратуре санкцию на проведение обыска в квартире и офисе Погосова в рамках расследования уголовного дела Лазовского. Через несколько дней обыск был проведен 12-м отделом МУРа совместно с 1-м отделом АТЦ ФСБ РФ (бывшими подчиненными Платонова). Обыск длился почти до утра. В квартире Погосова под кроватью нашли мешок, в котором находились 700 тысяч долларов. Рубли никто даже не брался подсчитывать, так как они лежали везде, даже на кухне в банках из-под крупы. Кроме того, в квартире обнаружили кокаин (подруга Погосова была наркоманкой). В офисе на первом этаже были найдены мобильные телефоны, один из которых был зарегистрирован на Лазовского. Погосова и его подругу забрали в милицию, но в тот же день арестованных увез сотрудник московского УФСБ. Изымать деньги милиция не стала. Налоговики заявили, что к ним все это не имеет отношения и вообще не приехали. Уголовное дело по факту обнаружения кокаина не завели. Получалось, что ни деньги, ни хозяин квартиры никого не заинтересовали.

Зная нравы, царящие в российских силовых ведомствах, Погосов решил, что пришедшие к нему люди его вывезут и убьют. Чтобы спасти себя, он дал подписку о готовности сотрудничать (под псевдонимом Григорий), и рассказал одному из оперативных сотрудников о делах Лазовского и его связях в московском УФСБ.

От Макса Погосов знал, что его бригада не бандиты, а скорее секретное воинское подразделение, решающее государственные задачи, устраняющее людей по приказу, организующее провокации и террористические акты. «Макс» был только исполнитель. Исходят приказы от руководства.

На вопрос о деньгах Погосов сообщил, что деньги — Лазовского, что сам Погосов — посредник, а легальным прикрытием деятельности является поставка в Россию сигарет «Парламент», что само по себе дает неплохой доход. Погосов высказал мнение, что Лазовский скоро выйдет на волю, так как не раскололся на следствии, никого не сдал, вел себя «достойно». В деятельность группировки Погосов искренне советовал не вмешиваться, объяснив, что в противном случае у Цхая возникнут серьезные проблемы.

Через несколько дней после освобождения Погосова у него состоялась вторая и последняя встреча с завербовавшим его оперативным сотрудником. Прежде всего, Погосов предложил деньги в обмен на возвращение подписки о сотрудничестве. Он рассказал, что кураторы из московского УФСБ были крайне недовольны его подпиской и предложили Погосову документ «выкупить». Прямые угрозы были высказаны кураторами из московского УФСБ в адрес Цхая.

Расписку Погосову не вернули, взятку не приняли. На следующий день о вербовке агента Григория было официально доложено начальству. А еще через несколько дней в кабинете оперативного сотрудника, завербовавшего Погосова, раздался звонок из московского УФСБ. Звонили по поручению руководства и вежливо посоветовали оставить Погосова в покое, угрожая в противном случае расследованием о якобы похищенных во время обыска у Погосова деньгах.

Григория оперативный сотрудник больше не видел. Агентурные сведения от него не получал. 12 апреля 1997 года в возрасте 39 лет Цхай скоропостижно скончался от цирроза печени, хотя не пил и не курил. Ходят слухи, что он был отравлен ФСБ именно потому, что докопался до истинных руководителей группировки Лазовского и понял, кто именно организовывал в Москве взрывы летом 1996 года. Яды, типа того, которым могли отравить Цхая, готовились в специальной лаборатории ФСБ, находящейся, по некоторым данным, в Москве по адресу Краснобогатырская улица, д. 42. В этом же здании, говорят, печатались и высококачественные фальшивые доллары, которыми ФСБ расплачивалась за заказные убийства и другие контрразведывательные операции. Лаборатории эти существовали еще с советских времен (считалось, что доллары печатаются на случай войны).

15 апреля 1997 года после отпевания в Богоявленском соборе Цхай был похоронен на Ваганьковском кладбище. Дело о группировке Лазовского после смерти Цхая распалось на эпизоды. Предположительно группировкой Лазовского занимались затем по линии МУРа Петр Астафьев, Андрей Потехин, Игорь Травин, В. Будкин, А. Базанов, Г. Богуславский, В. Бубнов, А. Калинин, а также следователь по особо важным делам Управления по расследованию бандитизма и убийств Мосгорпрокуратуры Андрей Борисович Супруненко, впервые допрашивавший Лазовского еще в 1996 году.

После освобождения в феврале 1998 года Лазовский купил себе роскошный особняк в элитном поселке Успенское Одинцовского района Подмосковья (по Рублевскому шоссе), создал фонд «содействия миру на Кавказе» под названием «Единение», в котором занял должность вице-президента, и продолжал сотрудничать со спецслужбами. Разрабатывал Лазовского в тот период сотрудник Управления уголовного розыска ГУВД Московской области Михаил Фонарев. Однако подробности о деятельности Лазовского в 1998—2000 годах неизвестны.

Глава 4

Николай Платонович Патрушев
(биографическая справка)

Если в первую чеченскую войну 1994—96 годов госбезопасность пыталась предотвратить разворот России в сторону либерально-демократического развития, политические задачи второй войны были куда серьезней: спровоцировать Россию на войну с Чечней и в начавшейся суматохе захватить власть в России на ближайших (2000 года) президентских выборах. «Честь» разжигания войны выпала на долю нового директора ФСБ генерал-полковника Патрушева.

Патрушев родился 11 июля 1951 года в Ленинграде. В 1974 году окончил Ленинградский Кораблестроительный институт. Был распределен в институтское конструкторское бюро, где работал инженером, но буквально через год, в 1975 году, был приглашен в КГБ. Окончил годичные курсы высшей школы КГБ СССР. После окончания курсов служил в Ленинградском управлении, прошел путь от младшего «опера» до начальника службы по борьбе с контрабандой и коррупцией Управления КГБ по Ленинграду и области в чине полковника. И именно в 90-е годы в Ленинграде на махинациях с вывозом цветных металлов на Запад на сумму в 93 миллиона долларов, как говорили, «засветился» Путин. В 1991 году Патрушев по долгу службы просто обязан был разрабатывать Путина, так как вывоз цветных металлов за рубеж и хищение средств от продажи было линией работы службы по борьбе с контрабандой и коррупцией, возглавляемой Патрушевым. Так Патрушев познакомился с будущим президентом.

В июне 1992 года Патрушев был отправлен на самостоятельную работу в Карелию, где возглавил местное Управление контрразведки. В 1994 году директором ФСК стал ленинградец Степашин, забравший Патрушева в Москву на должность руководителя одного из ключевых подразделений Лубянки — Управления собственной безопасности ФСК РФ. УСБ ФСК — контрразведка в контрразведке, отдел по сбору компромата на сотрудников ФСК. Начальник УСБ — самое доверенное лицо директора ФСК-ФСБ и подчиняется лично директору.

Переводом в Москву Степашин спас Патрушева от серьезного скандала. В Карелии он попался на хищении и контрабанде дорогостоящей карельской березы, причем по факту преступления прокуратура Петрозаводска возбудила уголовное дело, где изначально Патрушев проходил свидетелем. В ходе следствия, однако, фактически была доказана его вина как соучастника. Вот тут-то Степашин и перевел Патрушева в Москву на очень высокий пост. Для прокуратуры Карелии Патрушев стал недосягаем. Начальник УФСБ по Республике Карелии, Василий Анкудинов, который мог бы нам многое рассказать о карельской березе, удачно для Патрушева скончался на 56-м году жизни 21 мая 2001 года.

В июне 1995 года Степашина на посту директора ФСК сменяет Михаил Барсуков. Барсукова летом 1996 — Николай Ковалев. Но Барсуков и Ковалев не считают Патрушева своим человеком и не продвигают по службе. Тогда Владимир Путин, возглавивший к тому времени Главное контрольное управление (ГКУ) президента, приглашает своего старого знакомого на должность первого зама. Патрушев уходит к Путину.

Дальнейший стремительный рост карьеры Патрушева связан с возвышением Путина. Став в мае 1998 года первым заместителем главы кремлевской администрации, Путин продвигает Патрушева на вакантное место начальника ГКУ президента. В октябре того же года Патрушев возвращается на Лубянку сначала заместителем Путина, назначенным на эту должность указом Ельцина 25 июля 1998 года, а затем первым заместителем директора ФСБ.

29 марта 1999 года Ельцин назначает Путина секретарем Совета безопасности РФ, сохраняя за ним должность директора ФСБ, а 9 августа 1999 года — премьер-министром России. Подводя итог первым месяцам его правления, «Новая газета» писала: «Давным-давно в весьма демократической стране престарелый президент вручил должность канцлера-премьера молодому энергичному преемнику. После этого загорелся рейхстаг... Историки так и не ответили на вопрос, кто его поджег, история показала, кому это было выгодно». В России же «престарелый Гарант вручил должность премьер-министра преемнику, которому еще предстоит демократично избраться. Тут же взорвались жилые дома, началась новая чеченская война, которую воспевают обер-лжецы».

Эти потрясшие страну события очевидным образом связаны с выдвижением еще одного человека: в день, когда премьер-министром России стал Путин, Патрушев получил пост директора ФСБ. Знающие люди утверждают, что Путин был обречен продвигать Патрушева из-за наличия у Патрушева серьезного компромата на Путина. 16 августа 1999 года Николай Платонович Патрушев был назначен директором Федеральной службы безопасности России.

И началось...

Глава 5

Провал ФСБ в Рязани

> *Очень важно, когда совершается преступление, задерживать сотрудников именно по горячим следам.*
>
> Николай Патрушев. О событиях в Рязани
> «Итоги», 5 октября 1999 г.

В сентябре 1999 года в Буйнакске, Москве и Волгодонске произошли чудовищные террористические акты. Начнем с теракта, который мог оказаться самым страшным, но был предотвращен. 22 сентября случилось незапланированное: в Рязани сотрудники ФСБ были замечены при закладывании «сахарных» мешков с гексогеном в спальном микрорайоне Дашково-Песочня.

В 21.15 водитель футбольного клуба «Спартак» Алексей Картофельников — житель дома № 14/16 по улице Новоселов, одноподъездной двенадцатиэтажки, построенной более

20 лет назад, позвонил в Дашково-Песочнинское отделение Октябрьского РОВД (районное отделение внутренних дел) Рязани. Он сообщил, что 10 минут назад видел у подъезда своего дома, где на первом этаже находится круглосуточный магазин «День и ночь», «Жигули» пятой или седьмой модели белого цвета с московскими номерами Т 534 ВТ 77 RUS. Машина въехала во двор и остановилась. Мужчина и молодая женщина вышли из салона, спустились в подвал и через некоторое время вернулись. Потом машина подъехала вплотную к подвальной двери, и все трое пассажиров начали перетаскивать внутрь какие-то мешки. Один из мужчин был с усами. Женщина была в тренировочном костюме. Затем все трое сели в машину и уехали.

Отметим, что сам Картофельников действовал оперативно. Нерасторопно сработала милиция. «Эти белые «Жигули-семерку» я увидел, когда шел из гаража,— вспоминал Картофельников. — По профессиональной привычке обратил внимание на номера. Вижу — на них номер региона заклеен бумагой, а на ней — рязанская серия 62. Побежал домой, в милицию звонить. Набрал 02, а там мне с такой ленцой отвечают: «Звони по такому-то телефону». Звоню туда — занято. Минут десять номер набирал, пока дозвонился. За это время террористы успели мешки в подвал занести и детонаторы поставить. […] Если бы я сразу дозвонился до милиции, […] террористов задержали бы прямо в машине».

Приехавшие в 21.58 по московскому времени сотрудники милиции под командой прапорщика милиции Андрея Чернышева обнаружили в подвале жилого 77-квартирного дома три 50-килограммовых мешка из-под сахара. Чернышев, первым вошедший в заминированный подвал, вспоминает:

«Около десяти поступил сигнал от дежурного: в доме на улице Новоселов, 14/16, видели выходящих из подвала подозрительных людей. Возле дома нас встретила девушка, которая и рассказала о человеке, вышедшем из подвала и уехавшем на машине с заклеенными номерами. Одного милиционера я оставил у подъезда, а с другим спустился в подвал. Подвал в этом доме глубокий и полностью залит водой. Единственное сухое место — маленький закуточек, такой каменный чулан. Посветили фонариком — а там несколько мешков из-под сахара, сложенных штабелем. Верхний мешок надрезан, и виднеется какое-то электронное устройство: провода, обмотанные изолентой, часы... Конечно, с нами сразу шок небольшой был. Выбежали из подвала, я остался охранять вход, а ребята пошли жителей эвакуировать. Минут через пятнадцать подошло подкрепление, приехало начальство из УВД. Мешки с взрывчаткой доставали сотрудники МЧС в присутствии представителей ФСБ. Конечно, после того как наши взрывотехники их обезвредили. Никто не сомневался, что ситуация была боевая».

Итак, один из мешков был надрезан. Внутрь вложен часовой взрыватель кустарного производства. Он состоял из трех батареек, электронных часов и самодельного детонатора. Взрыватель был установлен на 5.30 утра четверга. Взрывотехники инженерно-технологического отдела милиции УВД Рязанской области под руководством начальника отдела старшего лейтенанта милиции Юрия Ткаченко за одиннадцать минут обезвредили бомбу и тут же, примерно в 11 вечера, произвели пробный подрыв смеси. Он не вызвал детонации то ли из-за малого количества пробы, то ли из-за того, что саперы взяли пробу вещества с верхних слоев, тогда как основная концентрация гексогена могла находиться внизу мешка. Экспресс-анализ находящегося в мешках вещества, произведенный с помощью газового анализатора, показал «пары взрывчатого вещества типа гексоген». Ошибки быть не могло: приборы были современными и исправными, а квалификация специалистов, проводивших исследования, высокой.

Внешне содержимое мешков не было похоже на сахарный песок. Свидетели позднее в один голос утверждали, что в мешках было вещество желтого цвета, в гранулах, напоминавших мелкую вермишель. Именно так выглядит гексоген. Пресс-центр МВД России 23 сентября также сделал заявление о том, что «при исследовании указанного вещества обнаружено наличие паров гексогена», а взрывное устройство обезврежено. Иными словами, в ночь на 23 сентября силами местных экспертов было определено, что взрыватель был боевым, а «сахар» — взрывчатой смесью. «Наш предварительный осмотр показал наличие взрывчатых веществ. […] Мы считали, что угроза взрыва была реальна», — заявил впоследствии начальник Октябрьского РОВД Рязани подполковник Сергей Кабашов.

Дом № 14/16 по улице Новоселов в Рязани для минирования был выбран не случайно: типовой, в непрестижном районе города, населенный простыми людьми. К первому этажу был пристроен круглосуточный магазин, торгующий продуктами питания. Жильцы не должны были заподозрить террористов в людях, разгружающих товар у люка склада круглосуточного гастронома. Дом стоял на площади, прозванной в народе «Старый круг», на окраине Рязани, на небольшой возвышенности. Построен был из силикатного кирпича. Мешки с взрывчаткой в подвале были положены у опоры здания. В случае взрыва обрушился бы весь дом. Не исключено, что пострадал бы и соседний жилой дом, построенный на слабом, песчаном грунте, на склоне.

Итак, жильцы рязанского дома среди ночи были подняты по тревоге и в двадцать минут эвакуированы, кто в чем, на улицу. Вот как описывала эту сцену газета «Труд»:

> «Людей за считанные минуты, даже не дав собрать вещи (чем потом и воспользовались воры), заставили покинуть квартиры и собрали возле дома, опустевшего и темного. Женщины, старики, дети топтались у подъезда, не решаясь уходить в неизвестность. Некоторые были не только без верхней одежды, но даже босиком. [...] Несколько часов переминались на леденящем ветру, а инвалиды, которых снесли вниз в колясках, плакали и проклинали все на свете».

Вокруг дома было выставлено оцепление. Было холодно. Директор местного кинотеатра «Октябрь» сжалилась над людьми и впустила их в зал. Она же организовала раздачу чая. В доме оставались несколько стариков-инвалидов, которые были физически не в состоянии покинуть квартиры, в том числе одна парализованная женщина, чья дочь, Алла Савина, простояла всю ночь с оцеплением в ожидании взрыва. Вот ее воспоминания:

> «В одиннадцатом часу вечера сотрудники милиции обходили квартиры и просили скорее выйти на улицу. Я как была в ночной рубашке, так лишь накинула плащ и выбежала. Во дворе узнала, что наш дом заминирован. А у меня в квартире осталась мама, которая сама не может подняться с постели. Я в ужасе бросилась к милиционерам: „Пустите в дом, помогите маму вынести!" Меня обратно не пускают. Только в полтретьего стали по очереди обходить вместе с жильцами каждую квартиру, осматривать: нет ли там чего подозрительного. Пошли и ко мне. Показала милиционеру больную маму и сказала, что без нее никуда не уйду. Тот спокойно что-то записал себе в блокнотик и исчез. А я вдруг так ясно осознала, что, наверное,

только вдвоем с матерью находимся в заминированном доме. Страшно стало невыносимо... Но тут неожиданно — звонок в дверь. На пороге стоят два старших офицера милиции. Спрашивают сурово: „Вы что, женщина, заживо себя похоронить решили?!" У меня ноги подкашиваются от страха, а все равно стою на своем — без матери никуда. И они вдруг смилостивились: „Ладно, оставайтесь, ваш дом уже обезвредили". Оказалось, детонаторы из „заряда" извлекли еще до осмотра квартир. Тут уж я сама бросилась на улицу...»

К дому съехались всевозможные чрезвычайные службы и руководители. После того как экспертиза определила наличие гексогена, оцеплению была дана команда расширить зону на случай взрыва. Начальник местного УФСБ генерал-майор Александр Сергеев поздравил жильцов со вторым рождением. Герою дня Картофельникову сообщили, что он родился в рубашке (и через несколько дней от имени администрации города вручили за обнаружение бомбы ценный подарок — цветной телевизор отечественного производства). А одно из российских телеграфных агентств оповестило о счастливой находке все человечество:

«В Рязани предотвращен теракт: в подвале жилого дома милиция обнаружила мешки со смесью сахарного песка с гексогеном. Как сообщил корреспонденту ИТАР-ТАСС первый заместитель штаба по делам гражданской обороны и чрезвычайным ситуациям Рязанской области полковник Юрий Карпеев, проводится экспертиза найденного в мешках вещества. По словам оперативного дежурного МЧС РФ в Москве, найденный взрыватель был установлен на утро четверга, на 05.30 мск. Установлена марка, цвет и номер автомобиля, на котором была привезена взрывчатка, сообщил корреспонденту ИТАР-ТАСС и. о. начальника УВД Рязанской области Алексей Савин. По его словам, специалисты проводят серию экспертиз по определению состава и взрывоопасности обнаруженной в мешках смеси. [...] По словам первого заместителя главы администрации области Владимира Маркова, обстановка в Рязани спокойная. Жильцы дома, которые немедленно были эвакуированы из квартир сразу же после обнаружения предполагаемой взрывчатки, вернулись в свои квартиры. Были проверены все соседние дома. По его словам, именно жильцы должны быть главной опорой правоохранительных органов, чтобы бороться с этим „злом, которое появилось в нашей стране. [...] Чем бдительнее мы будем, тем надежнее будет защита"».

В пять минут первого мешки из подвала вынесли и погрузили в пожарную машину. Однако до 4-х утра решался вопрос о том, куда вывозить обнаруженную взрывчатку. ОМОН, ФСБ и местные воинские части отказывались брать мешки к себе. В конце концов, их перевезли во двор Главного управления гражданской обороны и чрезвычайных ситуаций (ГУ ГОиЧС) Рязани, убрали в гараж и выставили охрану. Как вспоминали затем спасатели, попили бы они с этим сахаром чайку, да экспертиза показала примесь гексогена.

Мешки пролежали у них на базе несколько дней. Затем их увезли в Москву, в экспертно-криминалистический центр МВД. Впрочем, пресс-служба УВД Рязанской области сообщала, что в Москву мешки увезли еще 23 сентября. В 8.30 утра работы по разминированию и проверке дома были закончены, и жильцам разрешили вернуться в свои квартиры.

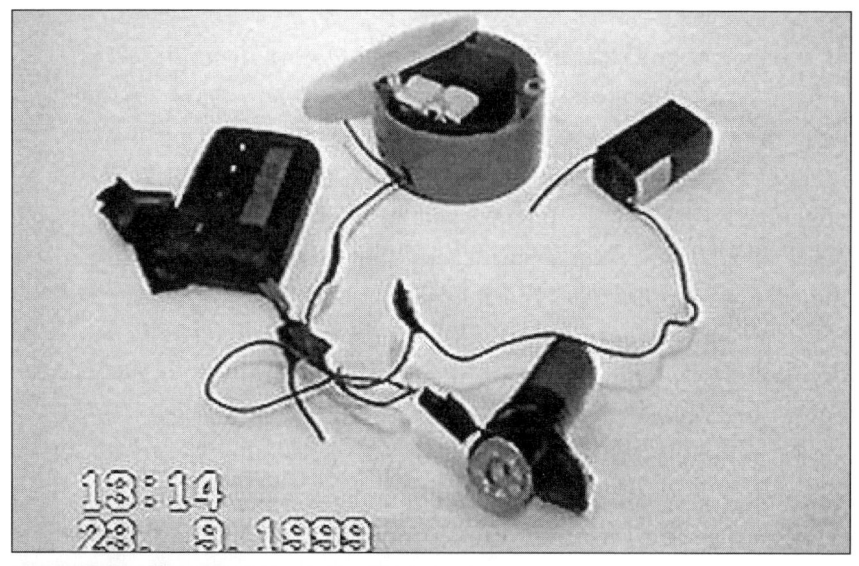

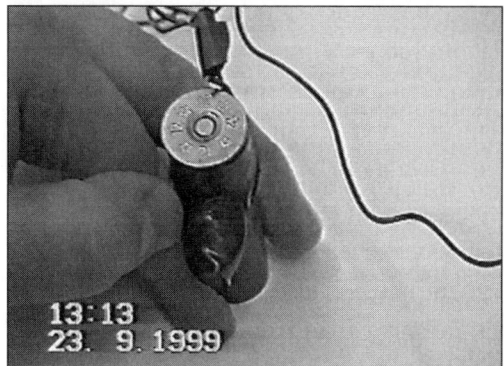

Фотографии детонатора, найденного в Рязани в подвале дома по улице Новосёлов, в ночь на 23 сентября 1999 года.

Независимые эксперты из США, Англии, Франции и Ирландии пришли к выводу, что детонатор является боевым.

Уже вечером 22 сентября в Рязани были подняты по тревоге 1.200 милиционеров, введен план «перехват», составлены фотороботы троих подозреваемых, выставлены пикеты на дорогах. Показания очевидцев были достаточно подробны. Появилась надежда, что злоумышленников схватят.

На борьбу с террористами губернатором области и администрацией города были выделены дополнительные средства. К охране жилых домов города привлечены военнослужащие, организовано ночное дежурство жителей всех домов, проведен дополнительный осмотр всего микрорайона, прежде всего жилых зданий (80% домов города к пятнице были проверены). Опустели городские рынки. По словам заместителя главы администрации Рязани Анатолия Баранова, «практически весь город не спал, а ночь на улице провели не только жители этого дома, но и весь 30-тысячный микрорайон Дашково-Песочня, в котором он расположен». В городе усилились панические настроения: ходили слухи, что Рязань выбрана для терактов из-за нахождения здесь 137-го гвардейского парашютно-десантного полка, который воевал в Дагестане. К тому же под Рязанью был расположен Дягилевский военный аэродром, с которого войска перебрасывались на Кавказ. Автодорога из Рязани была забита, так как милиция проверяла все выезжавшие из города автомобили. Однако операция «перехват» результатов не дала, машина террористов найдена не была, сами террористы исчезли.

Утром 23 сентября информационные агентства России передали сенсационную новость о том, что «в Рязани предотвращен теракт». С 8 часов утра телевизионные каналы начали передавать подробности о сорвавшемся злодеянии: «По словам сотрудников правоохранительных органов Рязанского УВД, белое кристаллическое вещество, находившееся в мешках, является гексогеном», передали все теле- и радиовещательные программы России.

В 13.00 программа «Вести» государственного канала РТР взяла интервью в прямом эфире у С. Кабашова: «Значит, даны ориентировки, предварительно, на задержание автомобиля, который по приметам указали жильцы. Пока результатов нет». «Взрывотехники муниципальной милиции, — сообщают «Вести», — провели предварительный анализ и подтвердили наличие гексогена. Сейчас содержимое мешков отправлено в московскую лабораторию ФСБ для получения точного заключения. Тем временем в Рязани глава администрации Павел Дмитриевич Маматов провел экстренное совещание со своими заместителями, распорядился закрыть все подвалы в городе и более тщательно проверить арендуемые помещения».

Итак, содержимое мешков переслано на экспертизу не только в лабораторию МВД, но и в лабораторию ФСБ.

Маматов отвечает на вопросы журналистов: «Какие бы службы мы сегодня ни задействовали, в течение одной недели провести все мероприятия по закрытию чердаков, подвалов, ремонту, установке решеток и так далее — это можно сделать только при одном условии: объединить все наши с вами усилия».

Иными словами, на 13 часов дня 23 сентября вся Рязань находится на осадном положении. Ищут террористов и их автомобиль, проверяют чердаки и подвалы. В 17.00 «Вести» вышли в эфир, в целом повторив 13-часовые новости.

В 19.00 «Вести» выходят в эфир с очередной информационной программой: «Сегодня об авиаударах по грозненскому аэропорту говорил российский премьер Владимир Путин». Оказывается, пока в Рязани ищут террористов, российские самолеты бомбят Грозный. Рязанцы отомщены! Их бессонная ночь и испорченный день дорого обойдутся организаторам теракта!

Путин отвечает на вопросы журналистов: «Что касается удара по аэропорту Грозного, то прокомментировать его не могу. Я знаю, что есть общая установка, что бандиты будут преследоваться там, где они находятся. Я просто совершенно не в курсе, но если они оказались в аэропорту, то, значит — в аэропорту. Мне трудно добавить к тому, что уже было сказано». Видимо, Путину как премьер-министру известно то, чего не знает еще население страны: террористы отсиживаются в грозненском аэропорту.

Путин прокомментировал и последнее чрезвычайное происшествие в Рязани: «Что касается событий в Рязани. Я не думаю, что это какой-то прокол. Если эти мешки, в которых оказалась взрывчатка, были замечены, — это значит, что все-таки плюс хотя бы есть в том, что население реагирует правильно на события, которые сегодня происходят в стране. Воспользуюсь вашим вопросом для того, чтобы поблагодарить население страны за это. Мы в неоплаченном долгу перед людьми и за то, что не уберегли, кто погиб, и благодарны им за ту реакцию, которую мы наблюдаем. А эта реакция очень правильная. Никакой паники, никакого снисхождения бандитам. Это настрой на борьбу с ними до конца. До победы. Мы обязательно это сделаем».

Сумбурно, но смысл ясен. Предотвращение теракта в Рязани это не прокол спецслужб, просмотревших закладку взрывчатки, а победа всего российского народа, бдительно отслеживающего жестоких врагов даже в таких провинциальных городах, как Рязань. И за это премьер-министр выражает населению благодарность.

Здесь уместно сделать первые выводы. ФСБ впоследствии утверждала, что в Рязани проводились учения. Против этого свидетельствуют следующие обстоятельства. Вечером 22 сентября, после обнаружения мешков с взрывчаткой в подвале жилого дома, ФСБ не сделала заявления о том, что в Рязани проводятся учения, в мешках обычный сахар, а взрыватель является муляжом. Вторая возможность заявить об учениях у

ФСБ появилась 23 сентября, когда информационные агентства всего мира сообщили о предотвращенном в Рязани теракте. ФСБ не выступила с опровержением и не заявила, что в Рязани проводились учения. На 23 сентября включительно премьер-министр России и преемник Ельцина на посту президента страны — Путин — поддерживал версию ФСБ и искренне считал (или делал вид), что в Рязани предотвращена попытка террористического акта.

Представим только на минуту, что в Рязани действительно проводились учения. Можно ли предположить, что все 23 сентября, пока мир кричал о предотвращенном теракте, ФСБ молчала? Нет, такое вообразить невозможно. Можно ли предположить, что об «учениях» не был бы поставлен в известность премьер-министр России и бывший директор ФСБ, к тому же связанный с Патрушевым узами личных отношений? Нет, и такое нельзя себе представить даже в самом фантастическом сне. Это был бы открытый жест нелояльности Патрушева по отношению к Путину. После этого кто-то из них должен был бы уйти с политической арены. То, что на 7 часов вечера 23 сентября 1999 года со стороны Путина не последовало заявления о проводимых учениях, было самым веским указанием в пользу версии о неудавшейся попытке ФСБ взорвать жилой дом.

Об «учениях» ФСБ в Рязани не был поставлен в известность мэр Москвы Лужков, имеющий неплохие связи в силовых ведомствах. Наоборот, 23 сентября власти Москвы распорядились активизировать работу по предотвращению террористических актов в столице прежде всего потому, что, по мнению представителей правоохранительных органов, в Москве и Рязани имелась схожесть состава взрывчатки и способа ее установки. Сотрудники столичной милиции получили предписание более тщательно проверять чердаки, подвалы и нежилые помещения домов и более серьезному досмотру подвергать весь грузовой транспорт на въезде в город. В Москве на события в Рязани смотрели как на предотвращенный теракт.

Но что самое удивительное, об учениях в Рязани ничего не знал Рушайло, возглавлявший комиссию по борьбе с терроризмом и курировавший операцию «Вихрь-Антитеррор». «Для нас, для рязанцев и [для] центрального аппарата, это полная неожиданность, отрабатывали как серьезное преступление», — сказал впоследствии начальник Управления информации МВД России Олег Аксенов. 23 сентября Аксенов в качестве пресс-секретаря МВД неоднократно общался с прессой. К стыду Рушайло, Аксенов сообщил, что министр, ознакомившись с ситуацией, дал команду в течение дня вновь проверить в Рязани все подвалы и чердаки и усилить бдительность. Исполнение приказа будет тщательно проконтролировано, подчеркнул Аксенов, поскольку «за мелкое разгильдяйство люди могут поплатиться жизнью».

Даже 24 сентября, выступая на Первом всероссийском совещании по борьбе с организованной преступностью, Рушайло говорит о предотвращенном в Рязани теракте. По его словам, «допущен ряд серьезных просчетов в деятельности органов внутренних дел», сделаны «жесткие выводы». Указав на просчеты органов, просмотревших закладки взрывчатки, Рушайло, вслед за Путиным, похвалил рязанцев, вовремя предотвративших теракт. «Борьба с терроризмом не является исключительно прерогативой органов внутренних дел», — сказал Рушайло. Значительная роль в этом вопросе отводится «местным органам власти и управления, в работе которых, однако, тоже имеются значительные изъяны». Рушайло предложил собравшимся «незамедлительно создать межведомственные контрольно-инспекторские группы, которые с выездом в регионы проверяли бы исполнение решений на местах и оказывали бы практическую помощь». В МВД такая работа уже ведется, уточнил Рушайло, и есть определенные сдвиги — например, предотвращение взрыва жилого дома в Рязани. «Предотвращение новых терактов и наказание виновных в уже совершенных преступлениях — основная задача МВД России на данном этапе», — с гордостью подчеркнул министр внутренних дел России Владимир Рушайло, на счету которого теперь был один предотвращенный теракт — в Рязани.

Если на рязанский эпизод смотрел как на предотвращенный теракт сам министр, что и говорить об областных УВД. Призывы, написанные революционным слогом, просились быть зачитанными под музыку «Вставай, страна огромная...» всем трудящимся России. Прямо, хоть винтовку хватай! Только непонятно, в кого стрелять, что охранять и от чего оберегаться:

> «Война, объявленная терроризмом народу России, продолжается. А значит, объединение всех сил общества и государства для отпора коварному врагу — это насущная необходимость сегодняшнего дня. Борьба с терроризмом не может оставаться делом только милиции и спецслужб. Наиболее яркое подтверждение этому — сообщение о предотвращенном благодаря бдительности граждан взрыве жилого дома в Рязани. 23 сентября в Рязани [...] нарядом милиции при проверке подвала жилого многоэтажного дома было обнаружено взрывное устройство, состоящее из трех мешков с гексогеном и часового механизма, установленного на 5 часов 30 минут утра. Предотвратить теракт удалось благодаря жильцам дома, который преступники избрали своей мишенью. Накануне вечером они обратили внимание на незнакомых людей, которые перетаскивали из автомобиля «Жигули» с заклеенным бумагой номером в подвал какие-то меш-

ки. Жильцы незамедлительно обратились в милицию. Первоначальный анализ содержимого мешков показал, что в них действительно вперемешку с сахарным песком содержится вещество, напоминающее гексоген. Мешки сразу же были отправлены под охраной в Москву. После проведения экспертизы сотрудники лаборатории ФСБ дадут окончательный ответ, была ли это попытка теракта или просто провокация.

В связи с этим Управление внутренних дел области еще раз напоминает гражданам о необходимости сохранения спокойствия и организованного делового подхода к обеспечению своей безопасности. Лучшим ответом террористам будет наша с вами бдительность. Для этого необходимо лишь повнимательнее присматриваться к окружающим, обращать внимание на незнакомых людей, замеченных в подъезде, на чердаке или в подвале вашего дома, бесхозные автомобили, припаркованные в непосредственной близости от жилых зданий. При любых подозрениях немедленно звоните в милицию.

Ни в коем случае не пытайтесь изучить содержимое обнаруженных вами подозрительных коробок, пакетов и других неопознанных предметов. В подобных ситуациях следует ограничить к ним доступ посторонних и вызвать милицию.

Создание домовых комитетов, организующих охрану домов и прилегающей территории в ночное время, также позволит значительно снизить возможность террористических проявлений в нашем городе. Помните: сегодня от каждого из нас зависит, насколько эффективна будет борьба со злом.

Группа информации УВД»

На свое несчастье, 23 сентября 1999 года начальник Центра общественных связей ФСБ России генерал Александр Зданович должен был выступать в программе «Герой дня» на телеканале НТВ. Благодаря этому у нас есть еще одно важное свидетельство того, что ФСБ планировало тихо отсидеться и отдать рязанцам и журналистам на съедение версию о предотвращенном чеченском теракте. Очевидно, что к моменту выступления Здановича ФСБ не собиралась извещать об «учениях». Расчет был прост: террористов из ФСБ рязанская милиция не нашла, машину — тоже. Версия о предотвращенном теракте пока еще работала и, главное, всех устраивала, поскольку долю заслуги в предотвращении теракта каждый рад был приписать себе, даже Рушайло.

Тем временем Зданович получил указание руководства попробовать прощупать реакцию общества на сказку об «учениях» на случай утечки информации о причастности ФСБ к теракту в Рязани. Обратим внимание на то, как мягко стал намекать Зданович на отсутствие в Рязани состава преступления при попытке взорвать дом, как бы убеждая, что шуметь не из-за чего. По предварительному заключению, заявил пресс-секретарь ФСБ, гексогена в мешках, обнаруженных в подвале одного из жилых домов города, не было, а были «похожие устройства с дистанционным управлением». Взрывателя тоже не было: можно сейчас утверждать, что обнаружены «некоторые элементы взрывателя».

Вместе с тем Зданович подчеркнул, что окончательный ответ должны дать эксперты — коллеги Здановича из лаборатории ФСБ в Москве, подчиненные Патрушева. Какой именно «окончательный ответ» дадут эфэсбешные эксперты, Зданович очень хорошо знал: тот, который прикажет дать руководство (нам этот ответ сообщат с некоторым опозданием — 21 марта 2000 года, через полгода после несостоявшегося теракта и за пять дней до президентских выборов).

И все-таки к началу передачи «Герой дня» Зданович не располагал информацией о том, что ФСБ, оказывается, проводило в Рязани «учения». Даже намеков на то, что речь может идти об учениях, Зданович не сделал. Сомнения относительно того, что в мешках была взрывчатка, а взрыватель был боевым, в интервью Здановича прозвучали. Но о возможных учениях он не заикнулся. Это несоответствие стало еще одним указанием на то, что в Рязани спецслужбами готовился террористический акт. Предположить, что руководство ФСБ держало в тайне от Здановича информацию об уже завершившихся в Рязани учениях, поистине невозможно.

К вечеру 23 сентября еще одна нелепость. Агентство РИА «Новости», передавшее в эфир распечатку интервью НТВ с генералом Здановичем, сообщает, что план «перехват» по поиску белой модели ВАЗ-2107 все еще продолжается. «Во всей этой истории много туманного». В частности, свидетели по-разному описывают цвет автомобиля и его марку. Появились также сомнения в том, что номер машины был заклеен. Вместе с тем, как отметили в пресс-центре, розыск автомобиля «для восстановления объективной картины» не прекращается.

Итак, несмотря на заверения Здановича об отсутствии взрывчатки и взрывателя, рязанское УФСБ все еще не может «восстановить объективную картину». Утренние газеты 24 сентября сообщают подробности предотвращения в Рязани теракта, а заявления ФСБ об учениях нет.

Только в полдень 24 сентября директор ФСБ Патрушев наконец-то принимает решение объявить происшедшее в Рязани «учениями». Что же заставило Патрушева изменить линию поведения? Во-первых, основные улики — три мешка со взрывчаткой и боевой взрыватель — доставили в Москву в лапы Патрушева. Это было хорошей для ФСБ новостью.

Теперь можно было подменить мешки и уверенно утверждать, что рязанские провинциалы ошиблись и их экспертиза дала неправильное заключение. Вторая новость была плохой: рязанское УФСБ задержало двоих террористов.

Попробуем помочь ФСБ досконально установить так рьяно утаиваемую от народа «объективную картину» происшедшего. В упрощенном описании эта самая блистательная часть проведенной рязанской милицией и областным рязанским УФСБ совместной операции выглядит следующим образом.

После обнаружения в Рязани мешков с взрывчаткой и боевого взрывателя в городе был объявлен план «Перехват». Старший офицер по связям с общественностью (пресс-секретарь) УФСБ Рязанской области Юрий Блудов сообщил, что заявление Патрушева было для местных сотрудников органов госбезопасности полной неожиданностью. «До последнего момента мы работали в тесном контакте с милицией по полной программе, как если бы угроза теракта была реальной, составили фотороботы трех подозреваемых террористов; на основании результатов экспертизы возбудили уголовное дело по статье 205 УК РФ (терроризм); вели поиск машины и террористов».

Когда выезды из города были уже перекрыты, силы оперативных подразделений рязанского УВД и УФСБ пытались установить точное местонахождение разыскиваемых террористов. Не обошлось без счастливых случайностей. Сотрудница АО «Электросвязь», телефонистка Надежда Юханова, зарегистрировала подозрительный звонок в Москву. «Выезжайте по одному, везде перехваты», — ответил голос на другом конце провода. Юханова немедленно сообщила о звонке в рязанское УФСБ. Все остальное было уже «делом техники». Подозрительный телефон был немедленно поставлен на контроль. У оперативников не было сомнений, что они обнаружили террористов. Однако сложности возникли из-за того, что средствами технического контроля был определен московский телефон, по которому звонили террористы. Это был номер одного из служебных помещений столичной ФСБ.

Покинув 22 сентября в начале десятого вечера улицу Новоселов, террористы не рискнули поехать в Москву, так как на пустынном ночном шоссе одинокая машина всегда заметна и шансов быть остановленными на одном из постов ГАИ было слишком много. Ночью любая остановленная машина, даже если там сидят сотрудники ФСБ или каких-то иных спецслужб, будет отмечена в дневнике дежурного, и на следующий день, когда пройдет сообщение о взрыве, постовой, безусловно, вспомнит об остановленной машине с тремя пассажирами. А если появятся еще и свидетельские показания из Рязани, то сразу же выйдут и на машину, и на пассажиров. Террористы должны были ждать утра, тем более что нельзя было покинуть объект до проведения взрыва. Боевая задача была еще не выполнена. Утром на шоссе будет много машин. Из-за теракта первые несколько часов будет паника. Если свидетели и засекли двоих мужчин и женщину на машине, ориентировка милиции будет дана на троих террористов; искать будут именно двоих мужчин и женщину. Один человек на машине всегда ускользнет от любой облавы.

Именно так описывала газета «Труд» операцию «Перехват» в действии:

> «Накал в Рязани достиг предела. По улицам шли усиленные патрули милиции и курсанты местных военных институтов. Все въезды и выезды в город были блокированы вооруженной до зубов патрульно-постовой службой и автоинспекторами. Скопились многокилометровые пробки легковых и грузовых машин, двигавшихся в сторону Москвы и от нее. Обыскивали все салоны и кузова. Искали троих террористов, двух

мужчин и женщину, чьи приметы были развешаны чуть ли не на каждом столбе».

Получив инструкции, один из троих террористов выехал 23 сентября в направлении Москвы, бросил машину в районе Коломны и беспрепятственно добрался до Москвы каким-то другим способом. От рязанской милиции, таким образом, один из террористов ушел и увез машину. Вечером 23 сентября на трассе Москва—Рязань в районе Коломны, приблизительно на полпути к Москве, машина была найдена милицией — без пассажиров. Это была та самая машина «с заклеенными номерами, на которой перевозилась взрывчатка», — сообщал Блудов. Оказалось, автомобиль числился в розыске. Иными словами, террористы проводили операцию на угнанной машине (классический для теракта случай).

Угон машины под Коломну — не случайность. Если машина была украдена в Москве или Московской области, милиция вернет машину хозяевам по месту жительства. Никому, скорее всего, в голову не придет, что именно на этой машине неизвестные террористы перевозили гексоген для взрыва дома в совсем другой области, в Рязанской. Соответственно, не станут проводить анализ на содержание в машине микрочастиц гексогена и других взрывчатых веществ. За двумя оставшимися в Рязани террористами сообщник сможет вернуться на следующий день на обычной оперативной машине ФСБ и вывезти их в Москву без риска быть схваченными. С другой стороны, если бы обнаружилось, что именно на машине, найденной под Коломной, был совершен теракт, брошенная на полпути в Москву машина указывала бы на то, что террористы ушли. Кольцо оцепления вокруг Рязани должно было бы разжаться, и это во всех случаях облегчило бы уход оставшихся двоих террористов.

Итак, двое террористов остались в Рязани. Из предоставленной нам рязанским УФСБ информации мы знаем, что в Рязани террористы затаились на заранее снятой квартире, а не скитались в ночь с 22 на 23 сентября по подъездам домов в незнакомом городе. Можно сделать вывод, что места проживания террористы обеспечили себе заблаговременно. Понятно, что тогда у них было время и для выбора объекта, далеко не случайного, и для подготовки теракта. Застигнутые операцией «Перехват» врасплох, террористы решили переждать в городе. Аргументация, подтверждающая эту версию, следующая.

Очевидно, что о готовящемся в Рязани взрыве (все официальные участники событий, сотрудники силовых ведомств, дипломатично используют слово «учения») руководство Рязанской области не знало. Губернатор области В. Н. Любимов заявил об этом 24 сентября в интервью в прямом эфире: «Об этом учении не знал даже я». Глава администрации Рязани Маматов был откровенно раздражен: «Из нас сделали подопытных кроликов. Проверили Рязань „на вшивость". Я не против учений — сам служил в армии, принимал в них участие, но подобного никогда не видел».

Управление ФСБ по Рязанской области также не было поставлено в известность. Ю. Блудов сообщил, что «ФСБ не было заранее осведомлено о том, что в городе проводились учения». Начальник рязанского УФСБ генерал-майор А. В. Сергеев сначала сообщил в интервью местной телестудии «Ока», что ему ничего не известно о проводимых «учениях». И только позже на вопрос журналистов, располагает ли он каким-нибудь официальным документом, подтверждающим, проведение в Рязани учений, через своего пресс-секретаря ответил, что доказательством учений для него является телевизионное интервью директора ФСБ Патрушева. По этой причине местное ФСБ, по воспоминаниям одной из жительниц дома 14/16, Марины Витальевны Севериной, ходило затем по квартирам и извинялось: «Приходили к нам из ФСБ —

несколько человек во главе с полковником. Извинялись. Говорили, что сами ничего не знали». И это тот случай, когда мы верим сотрудникам ФСБ, и верим в их искренность.

Областное УФСБ понимало, что рязанцев подставили, что в организации взрыва генпрокуратура России и общественность могут обвинить рязанское УФСБ. Потрясенные коварством своих московских коллег, рязанцы решили обеспечить себе алиби и объявить всему свету, что акция готовилась в Москве. Только так можно объяснить заявление УФСБ по Рязанской области, появившееся вскоре после интервью Патрушева об «учениях» в Рязани. Приведем текст заявления рязанского УФСБ полностью:

> «Как стало известно, закладка обнаруженного 22.09.99 г. имитатора взрывного устройства явилась частью проводимого межрегионального учения. Сообщение об этом стало для нас неожиданностью и последовало в тот момент, когда Управлением ФСБ были выявлены места проживания в городе Рязани причастных к закладке взрывного устройства лиц и готовилось их задержание. Это стало возможным благодаря бдительности и помощи многих жителей города Рязани, взаимодействию с органами внутренних дел, профессионализму наших сотрудников. Благодарим всех, кто содействовал нам в этой работе. Мы и впредь будем делать все возможное, чтобы обеспечить безопасность рязанцев».

Этот уникальный документ позволяет нам ответить на главные интересующие нас вопросы.

Во-первых, рязанское УФСБ не имело отношения к операции по подрыву дома в Рязани.

Во-вторых, по крайней мере два террориста были обнаружены в Рязани.

В-третьих, террористы проживали в Рязани, пусть временно, причем выявлена, видимо, была целая сеть конспиративных квартир, по крайней мере не менее двух.

В-четвертых, в момент, когда готовилось задержание террористов, из Москвы последовал приказ террористов не задерживать, поскольку теракт в Рязани — «учения» ФСБ.

Чтобы у нас не было сомнения в неслучайном и безошибочном характере заявления УФСБ, рязанское руководство почти дословно повторило его в формате интервью. 21 марта 2000 года, за пять дней до президентских выборов, когда тема сорвавшегося взрыва в Рязани была выдвинута на повестку дня политическими мотивами конкурирующих за власть сторон, начальник следственного отделения УФСБ РФ по Рязанской области подполковник Юрий Валентинович Максимов сообщил:

> «Этим людям можно только посочувствовать и принести извинения. И нам непросто в этой ситуации. Мы воспринимали все события той ночи всерьез, как боевую обстановку. Сообщение об учениях ФСБ РФ стало для нас полной неожиданностью и последовало в тот момент, когда Управлением ФСБ были выявлены места проживания в Рязани причастных к закладке имитационного (как позже выяснилось) устройства и готовилось их задержание. Это стало возможным благодаря бдительности и помощи многих жителей Рязани, взаимодействию с органами внутренних дел, профессионализму наших сотрудников».

Таким образом, дважды документально было подтверждено, что террористы, заминировавшие дом в Рязани, были сотрудниками ФСБ, что на момент проведения операции они проживали в Рязани и что места их проживания были вычислены сотрудниками УФСБ по Рязанской области. Это дает нам возможность поймать Патрушева на очевидной лжи. 25 сентября в интервью одной из телекомпаний он заявил, что «те люди, которых, по идее, должны были сразу разыскать, находились среди вышедших на улицу жильцов дома, в котором якобы было заложено взрывное устройство. Они участвовали в процессе составления своих фотороботов, разговаривали с сотрудниками правоохранительных органов».

Действительность была совсем другой. Террористы разбежались по конспиративным квартирам. Но в тот момент, когда руководство рязанского УФСБ сообщило по долгу службы Патрушеву в Москву о неминуемом задержании террористов, Патрушев отдал приказ террористов не арестовывать и объявил предотвращенный в Рязани теракт «учениями». Можно себе представить выражение лица сотрудника рязанского УФСБ (а скорее всего Патрушеву докладывал сам генерал-майор Сергеев), когда ему отдали приказ отпустить террористов!

Повесив телефонную трубку, Патрушев немедленно дал свое первое в те дни интервью телекомпании НТВ: «Инцидент в Рязани не был взрывом, не было и предотвращения взрыва. Это были учения. Там был сахар, взрывчатого вещества там не было. Такие учения проводятся не только в Рязани. Но к чести рязанских правоохранительных органов и населения — они четко отреагировали. Я считаю, что учения должны быть приближенными к тому, что происходит в жизни, потому что иначе мы ничего не найдем и нигде не отреагируем ни на что».

Днем позже Патрушев добавил, что «учения» в Рязани вызваны информацией о предстоящих в России террористических актах. В Чечне уже подготовлены несколько групп террористов, которые «должны выдвинуться на российскую территорию и совершить ряд терактов. [...] Данная информация и подвела нас к тому, что необходимо провести учения, причем не такие, как были до этого, и провести их в жесткой форме. [...] Нам необходима готовность нашего личного состава, надо выявить те недостатки, которые имеются в организации работы, внести коррективы в ее организацию».

У «Московского комсомольца» (МК) хватило юмора: «24 сентября 1999 г. глава ФСБ Николай Патрушев выступил с сенсационным заявлением: попытка взрыва в Рязани вовсе не была таковой. Это было учение. [...] В тот же день министр МВД Владимир Рушайло поздравил своих работников с успешным спасением дома в Рязани от неминуемого взрыва».

В Рязани, конечно же, было не до смеха. Очевидно, что, несмотря на запрет Патрушева, рязанцы для страховки успешно произвели задержание террористов. Кого, где, сколько всего человек и что еще нашли рязанские сотрудники УФСБ в тех квартирах, мы, наверное, никогда не узнаем. При аресте террористы предъявили «документы прикрытия» и были задержаны до прибытия из Москвы офицеров центрального аппарата с документами, позволяющими забрать пойманных по горячим следам сотрудников ФСБ в Москву.

Дальше наше расследование упирается в привычный гриф «совершенно секретно». Уголовное дело, возбужденное в УФСБ РФ по Рязанской области по факту обнаружения взрывчатого вещества по статье «терроризм» (ст. 205 УК РФ) засекречено. Материалы дела недоступны общественности. Имена террористов (сотрудников ФСБ) скрываются. Мы даже не знаем, были ли они допрошены и что они сказали на этом допросе. А скрывать Патрушеву было что. «Ребята, ничего не могу сделать. В анализе — взрывчатые вещества, я обязан возбудить уголовное дело», — упрямо заявлял коллегам из Москвы следователь местного ФСБ, когда на него оказывалось давление. Тогда из центрального аппарата ФСБ прислали людей и попросту конфисковали результаты экспертизы.

29 сентября 1999 года газеты «Челябинский рабочий», «Красноярский рабочий» и самарская «Волжская коммуна» (1 октября) поместили идентичные статьи:

«Как стало известно из хорошо информированного источника в МВД России, никто из оперативных работников МВД и их коллег УФСБ Рязани не верит ни в какие „учебные" закладки взрывчатки в городе. […] По мнению высокопоставленных сотрудников МВД России, на самом деле в Рязани жилой дом был реально заминирован неизвестными с применением настоящей взрывчатки» и «тех же детонаторов, что и в Москве […] Косвенно эту теорию подтверждает и то, что возбужденное в Рязани уголовное дело по статье „терроризм" до сих пор не закрыто. Мало того, результаты первоначальной экспертизы содержимого мешков, проведенной на первом этапе экспертами местного МВД, изъяты сотрудниками ФСБ, прибывшими из Москвы, и немедленно засекречены. А милиционеры, общавшиеся со своими коллегами-криминалистами, проводившими первую экспертизу мешков, по-прежнему утверждают, что в них действительно был гексоген, и ошибки быть не может».

Оказание давления на следствие и засекречивание уголовного дела являлись незаконными деяниями. Согласно статье 7-й закона РФ «О государственной тайне», принятого 21 июля 1993 года, «не подлежат к отнесению к государственной тайне и засекречиванию сведения […] о чрезвычайных происшествиях и катастрофах, угрожающих безопасности и здоровью граждан, и их последствиях; […] о фактах нарушения прав и свобод человека и гражданина; […] о фактах нарушения законности органами государственной власти и их должностными лицами».

Более того, как написано в том же законе: «Должностные лица, принявшие решения о засекречивании перечисленных сведений либо о включении их в этих целях в носители сведений, составляющих государственную тайну, несут уголовную, административную или дисциплинарную ответственность в зависимости от причиненного обществу, государству и гражданам материального и морального ущерба. Граждане вправе обжаловать такие решения в суд».

Увы, похоже, что засекретившие уголовное дело лица не понесут ответственности согласно закону 1993 года.

В марте 2000 года (перед самыми выборами) избирателям продемонстрировали одного из трех террористов — «сотрудника спеццентра ФСБ», который рассказал, что все трое террористов выехали из Москвы в Рязань вечером 22 сентября, что они нашли случайно незапертый подвал; на рынке купили мешки с сахарным песком, а в рязанском оружейном магазине «Кольчуга» — патрон, из которого тут же сделали «муляжи взрывного устройства. Все это дело было сконцентрировано вместе для проведения данного мероприятия... Это не диверсия, а учения. Мы особенно и не прятались».

22 марта (до выборов четыре дня) в защиту рязанских учений ФСБ выступила Ассоциация ветеранов группы «Альфа» в лице бывшего командира подразделения «Вымпел» ФСБ России генерал-лейтенанта запаса Дмитрия Герасимова и бывшего командира группы «Альфа» героя Советского Союза генерал-майора в отставке Геннадия Зайцева. Герасимов заявил, что боевые взрыватели на учениях в Рязани не применялись, а вместо них использовался «патрон с шариковым наполнителем», должный произвести «шокирующее действие». Шокирующее впечатление взрыватель действительно произвел, так что с этой точки зрения «учения» прошли успешно.

Версия о наличии боевых взрывателей во время учений возникла, по мнению Зайцева, из-за неисправности измерительных приборов, которые применялись сотрудниками УФСБ по Рязанской области. Зайцев сообщил, что учения в Рязани проводились в том числе и служащими «Вымпела», для чего в Рязань накануне указанных событий вечером того же дня на частной машине выехала специальная группа. При этом к группе намеренно старались привлечь внимание. В магазине «Кольчуга» был куплен патрон с шариковым наполнителем; «злополучный сахарный песок, впоследствии названный некоторыми СМИ гексогеном, был куплен спецгруппой на местном базаре. И посему никак не мог быть взрывчаткой. Просто эксперты нарушили элементарные правила и воспользовались грязными приборами, на которых были остатки взрывчатых веществ от предыдущей экспертизы. За подобную халатность эксперты уже получили по заслугам. По данному факту возбуждено уголовное дело».

Наивность интервью «сотрудника спеццентра» и простота заявлений Герасимова и Зайцева поистине восхищают. Прежде всего, очень может быть, что трое офицеров «Вымпела» действительно выехали на частной машине в Рязань вечером 22 сентября и что ими были закуплены три мешка с сахарным песком и патрон в магазине «Кольчуга». Они старались привлечь внимание? Интересно, чем именно, если они покупали сахар? Ведь на рынке им продали сахар, а не гексоген! Чем же тут можно привлечь внимание? Одним купленным в магазине патроном для охотничьего ружья?

Патрушев, видимо, тоже считал, что в стране, где ежедневно происходят громкие убийства и взрываются дома с сотнями жителей, подозрение должны вызвать люди, покупающие сахар на рынке и охотничий патрон в магазине: «Все, что заложили условные террористы, они приобрели именно в Рязани — это и мешки с сахаром, и патроны, при покупке которых у них никто не спросил, есть ли право на их приобретение». Мелочь, конечно, но вот загадка: сколько патронов купили сотрудники ФСБ, один или несколько? (Закупки могли быть операцией прикрытия настоящих террористов, которые закладывали в подвал рязанского дома совсем другие мешки — с взрывчаткой и к «Вымпелу» никакого отношения не имели. Сами «вымпеловцы» в этом случае могли не знать, в чем именно смысл данного им задания по закупке одного патрона и трех мешков сахара.)

Наконец, Зайцев вводил читателей в заблуждение, утверждая, что уголовное дело было возбуждено против взрывотехника инженерно-технологического отдела старшего лейтенанта милиции Юрия Ткаченко за неправильно проведенную экспертизу, в то время как возбуждено оно было против террористов, оказавшихся сотрудниками ФСБ, а Ткаченко и второй взрывотехник рязанской милиции, Петр Житников, 30 сентября 1999 года были награждены денежнойыми премиями за проявленное мужество при обезвреживании взрывного устройства. Кстати, денежной премией за помощь в поимке террористов была награждена и Надежда Юханова, перехватившая телефонный звонок террористов в Москву.

В оправдание Зайцева можно сказать только то, что эксперт действительно несет уголовную ответственность за качество и объективность результатов экспертизы. И если бы Ткаченко провел некачественную экспертизу и выдал бы неправильный результат, против него, действительно, возбудили бы уголовное дело. Как мы знаем, его не возбудили, и именно потому, что экспертиза дала правильное заключение: в мешках было взрывчатое вещество.

В показаниях «сотрудника спеццентра» и Зайцева серьезная проблема возникает с нестыковкой времени. Террористов засекли у дома в Рязани вечером, в самом начале десятого. 180 км от Москвы до Рязани вечером в будний день террористы могли преодолеть самое быстрое за три часа. А еще им нужно было выбрать дом в незнакомом городе, купить мешки с сахаром, купить патрон в «Кольчуге», смастерить муляжи. А рынок в Рязани закрывается в будний день самое позднее в пять. А оружейный магазин «Кольчуга» закрывается самое позднее в шесть. Когда же именно и как был куплен сахар? Когда был куплен в «Кольчуге» патрон? Когда выехали террористы из Москвы? Сколько они ехали? Во сколько прибыли в Рязань?

Очевидно, что вся история про вечерний выезд сотрудников «Вымпела» из Москвы была выдумана от начала до конца. Формально-юридические доказательства этому предоставил сам Зайцев. 28 сентября 1999 года в офисе коломенской охранной фирмы «Оскордъ» состоялась пресс-конференция сотрудников силовых ведомств, где представитель Ассоциации ветеранов группы «Альфа» Г. Н. Зайцев пояснил свою позицию в отношении «инцидента» в Рязани: «Такого рода учения меня крайне возмущают. Нельзя упражняться на живых людях!» 7 октября репортаж об этой пресс-конференции опубликовала местная коломенская газета «Ять». Из этого заявления возмущенного Зайцева приходится сделать вывод, что в рязанской выходке он не участвовал. Лишь за четыре дня до президентских выборов, когда для организации победы Путина были мобилизованы все силы, Зайцева заставили выступить на пресс-конференции и принять на себя и «вымпеловцев» вину за рязанские «учения». Те, кто привлекал Зайцева к пропагандистской акции, об его пресс-конференции в Коломне, конечно, не знали.

Своим лжесвидетельством 22 марта 2000 года Зайцев продемонстрировал главное: сотрудники спецслужб могут лгать, если этого требуют интересы органов государственной безопасности и если получен соответствующий приказ.

В России половина преступников «косит» под умалишенных или непроходимых дураков. Так вернее: дают меньшие сроки, а то и просто отпускают («что с дурака взять»). Патрушев справедливо рассудил, что за терроризм против собственного народа можно получить пожизненное заключение, а за идиотизм в России даже с работы не снимут. (А кто, собственно, мог уволить Патрушева? Только Путин!) И действительно, из-за рязанской выходки не был уволен ни один сотрудник ФСБ. Более того, вскоре Патрушев получил «Героя России», а недавно — еще и звание генерала армии!

Психологический расчет Патрушева оказался правильным. Политической элите России комфортнее было считать Патрушева не злодеем, а идиотом. «Мне представляется, что это чудовищно, — прокомментировал в прямом эфире радиостанции «Эхо Москвы» заявление Патрушева об «учениях» руководитель депутатской группы «Российские регионы» Олег Морозов. — Я понимаю, что спецслужбы имеют право на проверку деятельности, но не столько нашей собственной, сколько своей собственной». Кроме того, сложно «представить себя на месте этих людей» (в Рязани), поэтому «не стоило, нельзя было платить такую цену за проверку» действий ФСБ и бдительности граждан.

Морозов заявил, что действия ФСБ можно будет простить, если ФСБ гарантирует, что теракты больше не повторятся. И это было главное в его речи. Россиян нужно было спасать от террора ФСБ. Тонкий дипломат Морозов предложил террористу Патрушеву сделку: мы вас не наказываем и закрываем глаза на уже произошедшие в России взрывы, а вы прекращаете операцию по подрыву в России жилых домов. Патрушев услышал Морозова: взрывы прекратились. Патрушев остался сидеть в своем кресле с клеймом «дурака». Однако вопрос о том, кто именно в этой ситуации оказался дураком, можно считать открытым.

Правда, были люди, которые придерживались мнения, что Патрушев не идиот, а умалишенный. 25 сентября 1999 года «Новые известия» поместили статью Сергея Агафонова, на которую Патрушев в сложившейся ситуации даже не обиделся: «Интересно, насколько четко ориентируется сам глава ФСБ в том, что происходит в жизни? Адекватно ли руководитель спецслужбы воспринимает окружающую его действительность? Не путает ли цвета, узнает ли родных? Эти тревожные вопросы теребят душу, поскольку разумно объяснить всероссийскую педагогическую спецоперацию ФСБ на живых людях не представляется возможным». Агафонов предположил, что «генерал Патрушев серьезно болен» и «его надо срочно лечить, освободив от непосильных обязанностей».

В ФСБ, конечно же, не могло быть единодушия относительно проведенной Патрушевым операции. После провала в Рязани даже подчиненные готовы были подвергнуть руководство критике (а Патрушеву приходилось эту критику сносить). Так, начальник ЦОС УФСБ по Москве и Московской области Сергей Богданов назвал «учения» в Рязани «грубой и непродуманной работой» (раз попались — грубая работа). Начальник УФСБ по Ярославской области генерал-майор А. А. Котельников на вопрос об «учениях» ответил: «У меня есть своя точка зрения относительно рязанских учений, но комментировать действия своих коллег я бы не хотел» (попробовал бы он их прокомментировать!).

Обратим внимание на то, что никто из действующих или отставных руководителей ФСБ не стал проводить серьезного критического анализа действий «коллег». Эту почетную работу профессионалы силового ведомства предоставили журналистам. Последние, подвергаясь нападкам со стороны ФСБ, как могли делали свое дело. Начали, разумеется, с сахара.

Три мешка с сахарным песком покоя никому не давали. Террористы из ФСБ сообщили (скорее всего это были совсем другие эфэсбэшники), что купили сахар на местном рынке и что был он производства Колпянского сахарного завода в Орловской области. Но если сахар был самый обыкновенный, из Орловской области, зачем же его отсылали на экспертизу в Москву? И, что важнее, зачем лаборатория на экспертизу его приняла? Да не одна лаборатория, а две — разных ведомств (МВД и ФСБ). И зачем проводили позже повторную экспертизу? Неужели с первого раза нельзя было распознать сахар?

И почему все это тянулось несколько месяцев? Забрать сахар для экспертизы в Москву Патрушеву имело смысл лишь для того, чтобы лишить рязанцев вещественных доказательств, и только в том случае, если в мешках была взрывчатка.

Между тем из пресс-службы ФСБ поступило сообщение, что для проверки содержимого рязанских мешков их вывезли на полигон и попытались взорвать. Взрыва не получилось, так как в них был обыкновенный сахар — победно рапортовала ФСБ. «Интересно, какой идиот повезет взрывать на полигон три мешка обычного сахара?» — иронично замечала газета «Версия». Действительно, зачем же ФСБ отсылала мешки на полигон, если знала, что в Рязани проводились «учения», а в мешках был сахар, купленный сотрудниками «Вымпела» на местном базаре?

А тут еще, и опять под Рязанью, обнаружили новые мешки с гексогеном. К тому же их было много, и попахивало связью с ГРУ. На военном складе 137-го Рязанского полка ВДВ, расположенном под Рязанью, на территории специализированной базы для подготовки разведывательно-диверсионных отрядов, хранился гексоген, расфасованный в 50-килограммовые мешки из-под сахара, подобные найденным на улице Новоселов.

Осенью 1999 года рядовой воздушно-десантных войск (воинская часть 59236) Алексей Пиняев и его сослуживцы были командированы из Подмосковья в Рязань именно в этот полк. Охраняя в ноябре 1999 года «склад с оружием и боеприпасами» Пиняев с приятелем проникли на склад скорее из любопытства и увидели в помещении те самые мешки с надписью «Сахар».

Воины-десантники штык-ножом проделали дырку в одном из мешков и отсыпали в пластиковый пакет немного казенного сахара. Однако чай с ворованным сахаром оказался странного вкуса и не сладкий. Перепуганные бойцы отнесли кулек командиру взвода. Тот, заподозрив неладное, благо история о взрывах у всех была на слуху, решил проверить «сахар» у специалиста-подрывника. Вещество оказалось гексогеном.

Офицер доложил по начальству. В часть нагрянули сотрудники ФСБ из Москвы и Тулы (где, как и в Рязани, стояла воздушно-десантная дивизия). Полковых особистов к расследованию не допустили. Десантников, обнаруживших гексоген, таскали на допросы за «раскрытие государственной тайны». «Вы даже не догадываетесь, ребята, в какое серьезное дело влезли», — сказал один из офицеров. Прессе объявили, что солдата по фамилии Пиняев в части вообще нет, а информация о найденных на военном складе мешках с гексогеном — выдумка журналиста «Новой газеты» Павла Волошина. ФСБ по данному инциденту провела служебное расследование. Вопрос о взрывчатке успешно замяли, а командира и сослуживцев Пиняева отправили служить в Чечню.

Самому Пиняеву придумали более мучительное наказание. Сначала его заставили отказаться от своих слов (можно представить, какое давление оказало на него ФСБ!). Затем начальник Следственного управления ФСБ РФ заявил, что «солдат будет допрошен в рамках возбужденного против него уголовного дела». А сотрудница ЦОС ФСБ подвела итог: «Попал солдатик...»

Уголовное дело против Пиняева возбудили в марте 2000 года за кражу с армейского склада с боеприпасами... кулька с сахаром. Все-таки в остроумии ФСБ не откажешь. Только трудно понять, какое отношение к мелкой краже продуктов питания имело Следственное управление ФСБ России.

Как утверждали рязанские саперы, взрывчатку в 50-килограммовых мешках не держат, не упаковывают и не перевозят — слишком опасно. Для взрыва небольшого строения достаточно 500 г взрывчатой смеси. 50-килограммовые мешки, замаскированные под сахар, нужны исключительно для террористических актов. Видимо именно с этого склада и были получены три мешка, уложенные затем под несущую опору дома в Рязани. Приборы рязанских экспертов не ошиблись.

История со 137-м полком ВДВ имела свое продолжение. В марте 2000 года, перед самыми выборами, десантники подали в суд на «Новую газету», опубликовавшую интервью с Пиняевым. Исковое заявление «О защите чести, достоинства и деловой репутации» было подано в Басманный межмуниципальный суд командованием полка. Как заявил командир полка Олег Чурилов, данная статья оскорбила не только честь полка, но и всей российской армии, поскольку такого рядового в сентябре 1999 года в полку не было. «И то, что солдат может проникнуть на склад, где хранится вооружение и взрывчатые вещества, не соответствует действительности, потому что он не имеет права в него войти во время несения караульной службы».

В общем, Пиняева не было, но под суд его отдали. В мешках был сахар, но имело место «раскрытие государственной тайны». А в суд на «Новую газету» 137-й полк подал не из-за статей о гексогене, а потому, что караульный во время службы не имеет права зайти на охраняемый им склад, и обратные утверждения на эту тему оскорбляли российскую армию.

Со взрывателями тоже выходило не гладко. Взрыватель, как бы ни пытался убедить в обратном Зданович, был настоящий, боевой, о чем твердо заявил в интервью агентству «Интерфакс» 24 сентября председатель Рязанской областной Думы Владимир Федоткин: «Это было самое настоящее взрывное устройство, никаких учений».

Взрыватель — очень важный формальный момент. По инструкции учения с боевым взрывателем на гражданском объекте и с гражданским населением проводить нельзя. Посудите сами, взрыватель могут украсть (тогда за это кто-то должен нести ответственность), его могут взорвать дети или бомжи, если найдут взрыватель в мешках с сахаром. Если бы взрыватель не был боевым, уголовное дело не могли бы возбудить по статье 205-й УК РФ (терроризм), оно было бы возбуждено по факту обнаружения взрывчатки и передано в МВД, а не в ФСБ. В конце концов, если говорить об «учениях», бдительность рязанцев проверялась на проворное обнаружение мешков со взрывчатым веществом, а не на работу с взрывателем. С боевым взрывателем такую проверку ФСБ проводить не могла.

Чтобы убедиться, что это действительно так, «Новая газета» обратилась к одному из военных специалистов, полковнику, и задала ему вопрос, «проводятся ли учения с применением реальных взрывчатых веществ» и «существуют ли инструкции и постановления, которые регламентируют подобную активность». Вот что ответил полковник:

> «Мощные взрывные устройства не используют даже в учениях с боевой стрельбой. Обходятся взрывпакетами. Если же нужно проверить умение находить и обезвреживать взрывное устройство, к примеру мину, используют макеты, в которых нет ни взрывателя, ни тротила. Занятия по подрывному делу, конечно, включают реальный подрыв достаточно сильных взрывных устройств (специалисты должны уметь их уничтожать). Но [...] проводятся такие учения локально, без посторонних. Присутствуют исключительно подготовленные люди. О вовлечении гражданского населения и речи не идет. Все это строго регламентировано. Есть наставления по инженерному обеспечению, наставления по разминированию, соответствующие инструкции и приказы. Безусловно, для армии и спецслужб они сходные».

Непосвященному трудно понять, что скрывается за невинной фразой «возбуждено уголовное дело по ст. 205». Прежде всего это означает, что следствие будет проводиться не по линии МВД, а по линии ФСБ, так как теракт — это подследственность ФСБ. ФСБ и так перегружена делами, лишнего дела не возьмет. И раз уж она приняла дело, то, значит, основания были веские (этими вескими основаниями были результаты экспертизы). Надзор за следствием ФСБ осуществляет прокуратура, а розыск преступников совместно с ФСБ осуществляет МВД. Преступление, по которому возбуждено уголовное дело, в течение суток докладывается дежурному по ФСБ России по телефонам (095) 224-3858 и 224-1869; либо по телефонам оперативной связи 890-726 и 890-818; либо по телефону высокочастотной связи 52816. Обо всех поступивших сообщениях дежурный докладывает каждое утро в форме составленной им сводки лично директору ФСБ. Если же происходит что-то серьезное, например, предотвращение теракта в Рязани, дежурный вправе позвонить директору ФСБ домой, даже ночью. Отдельной сводкой ежедневно докладываются материалы СМИ о ФСБ и о сотрудниках ФСБ.

В течение нескольких суток со дня возбуждения уголовного дела по линии ФСБ составляется еще и аналитическая справка по линиям работы. Например, начальник отдела по борьбе с терроризмом рязанского УФСБ составляет справку на имя начальника Управления по борьбе с терроризмом ФСБ России. Эта справка затем поступает через секретариат заместителю директора ФСБ, курирующему соответствующий департамент. Оттуда справка поступает директору ФСБ. Так что об обнаружении в подвале рязанского дома мешков с взрывчаткой и боевого взрывателя Патрушев знал не позднее 7 часов утра 23 сентября. Когда кругом взрывы, подчиненному не доложить наверх о предотвращенном теракте — равносильно самоубийству. Ведь предотвращение теракта — радостное событие. Это и награды, и повышения в должности, и премиальные. И общественный резонанс, наконец.

А тут вместо праздника — неловкое положение. В связи с инцидентом в Рязани Зданович заявил 24 сентября, что ФСБ приносит жителям города извинения. Обратим внимание на то, что еще сутки назад в интервью НТВ Зданович не извинялся. Следовательно, директива свести все к идиотизму, чтобы не получить обвинения в терроризме, Здановичу была спущена Патрушевым именно 24 сентября:

> «Генерал Александр Зданович принес сегодня от лица Федеральной службы безопасности России извинения жителям Рязани за причиненные им в ходе антитеррористических учений вынужденные неудобства, а также пережитое ими психологическое напряжение. „Спецслужба благодарит рязанцев за проявленные бдительность, выдержку и терпение", — подчеркнул он. В то же время Зданович призвал россиян отнестись с пониманием к необходимости проведения „в жестком режиме" проверки уровня готовности, в первую очередь правоохранительных органов, к обеспечению безопасности населения, а также бдительности самих граждан в условиях активизировавшегося терроризма. Генерал рассказал, что на этой неделе ФСБ РФ провела в ряде городов России в рамках операции „Вихрь-Антитеррор" мероприятия по проверке реакции местных правоохранительных органов, включая территориальные подразделения самой ФСБ, и населения на „смоделированные" действия террористов по закладе взрывчатых устройств. Как констатировал представитель спецслужбы, при этом „были выявлены серьезные недостатки". „К сожалению, в некоторых из проверенных городов никакой реакции на «потенциальные закладки» правоохранительными органами проявлено не было". ФСБ, по словам Здановича, проводила операцию в максимально приб-

лиженных к реальной террористической угрозе условиях — иначе не было бы никакого смысла в подобных проверках. Естественно, что при этом ни местные органы власти, ни местные правоохранительные структуры в известность о „террористах" не ставились. Именно поэтому результаты проверки дают истинную картину обеспеченности уровня безопасности россиян в различных городах страны. Последняя в ряду проверенных городов, Рязань, оказалась, как подчеркнул генерал, далеко не последней по бдительности населения, но, к сожалению, не столь же благополучной по действиям правоохранительных органов. В настоящее время в ФСБ РФ идет анализ результатов проведенной проверки с тем, чтобы срочно внести необходимые коррективы в работу правоохранительных органов по обеспечению безопасности жизни россиян. После подведения итогов и выяснения причин „сбоев" в самой операции, заверил Александр Зданович, незамедлительно будут приняты надлежащие меры».

Таким образом, ФСБ сделала неоднозначное заявление о том, что Рязань была последним городом, в котором проводились учения. Между тем именно с 23 сентября ФСБ начинает в срочном порядке (и вопреки заявлению Здановича) организовывать учения по проверке бдительности населения. Пресса пестрит сообщениями об «учебных закладках», которые совершенно невозможно отличить от хулиганских выходок телефонных террористов: то в одном, то в другом людном месте — на почтах, в учреждениях, в магазинах — закладываются муляжи бомб, а на следующий день в СМИ даются красочные описания того, как именно измученные жители не обратили на муляж внимания. Это Патрушев обеспечивал себе алиби — пытался доказать, что рязанские «учения» были звеном в цепи проверок, организованных глупой ФСБ по всей России.

Как только не изощрялись журналисты. Как только они не обзывали этих тупых эфэсбэшников, не поймавших ни одного настоящего террориста, но зато проводящих глупые военные игры в стране, где действительно орудует терроризм. Названия типа «Подлость и тупость ФСБ», «Федеральная служба провокаций», «Страна напуганных идиотов», «Человек человеку — собака Павлова» или «Спецслужбы поимели рязанцев» — не сильно выделялись на общем фоне. Но «подлое и тупое» руководство ФСБ с поразительным упрямством проводило все новые и новые «учебные закладки» и почему-то не слишком обижалось на осмелевших журналистов. Кроме одного случая: когда они писали о Рязани.

Вот несколько типовых «учений» конца сентября — октября 1999 года.

— В Москве сотрудники ФСБ пришли в отделение милиции с коробкой, на которой было написано «бомба». Им позволили пройти в помещение, где проверяющие оставили груз в одном из кабинетов, и удалились. Обнаружили коробку только через два дня.

— Муляж взрывного устройства подложен в Москве в пиццерии на Волхонке (не обнаружен).

— В подмосковной Балашихе в начале октября нашли заброшенное здание, сделали вид, что в нем произведен взрыв, и проводили затем в здании и вокруг него учения с привлечением милиции, ФСБ и МЧС по спасению пострадавших от произошедшего взрыва.

— То ли учения, то ли хулиганства с подкладыванием муляжей бомб неоднократно происходили в Туле и в Челябинске.

— В конце октября в Омске сотрудники Управления ФСБ Омской области по фальшивым документам беспрепятственно заехали на автомобиле на территорию предприятия Омскводоканал и, преодолевая трехуровневую защиту предприятия, «взорвали» емкости с жидким хлором.

— В Иванове эфэсбэшники заложили мешки с сахарным песком в подвал пятиэтажного жилого дома (не обнаружены).

— Там же муляж взрывного устройства был оставлен в троллейбусе. Бдительные пассажиры сразу заметили коробку с проводами и отдали ее водителю. Тот забрал ее к себе в кабину и ездил с нею весь день. Потом привез коробку на конечную остановку и сам ее разобрал.

— Снова в Иванове оставили в такси коробку с муляжом бомбы. Водитель возил ее целый день, а потом выбросил на обочину, где она пролежала еще несколько часов, так и не замеченная прохожими.

— 22 сентября в туалете Центрального рынка в Иванове обнаружили взрывное устройство. Рынок оцепили, всех продавцов и покупателей срочно эвакуировали. Прибывшим военным потребовался час, чтобы разобраться, с какой именно бомбой они имеют дело. Бомба оказалась муляжом. Правоохранительные органы взялись выяснять, кто так профессионально «пошутил», тем более что муляж находился в туалете, предназначенном для узкого круга работников рынка, и запирался на замок. На поиски злоумышленников бросили весь личный состав ивановской милиции. В разгар операции представители ФСБ Москвы сделали официальное заявление: на рынке проходили учения. Муляж подложили московские сотрудники ФСБ.

— В Тольятти «заминировали» Волжский автозавод (ВАЗ). Муляж взрывного устройства нашли и обезвредили. Там же «взорвали» одну из городских гостиниц, в которой находилось до 50 человек. На «спасение» отвели полтора часа. В учениях участвовали милиция, пожарные, МЧС, «скорая помощь» и газовики. На Чапаевском мясокомбинате тоже провели учебное минирование. Работник, нашедший «взрывное устройство», разобрал его, а часовой механизм, заложенный в муляже, забрал себе.

— В Новомосковске Тульской области переодевшийся в диверсанта сотрудник ФСБ проник на химический комбинат «Азот», написал на цистерне с аммиаком «заминировано» и, никем не замеченный, удалился. За две недели до учений на заседании губернской антитеррористической комиссии представитель «Азота» заявил, что собственными силами они не в состоянии охранять предприятие, а на вневедомственную охрану денег нет.

Учения с последствиями были проведены в Санкт-Петербурге. Грузовик с иногородним номером, наполненный мешками с условной взрывчаткой, припарковали на спецстоянке перед зданием Следственного управления ГУВД и УФСБ Санкт-Петербурга и Ленинградской области на Захарьевской улице. Машина «террористов», не привлекая внимания, простояла там целые сутки, хотя грузовиков на ведомственной стоянке отродясь не было. Результатом проведенного учения было увольнение с должности начальника ГУВД Санкт-Петербурга и Ленинградской области генерал-майора милиции Виктора Власова (ради этого, собственно, и припарковывали к ГУВД грузовик).

Любой несостоявшийся или предотвращенный теракт, а то и просто бандитскую выходку теперь легко списывали на возможные учения ФСБ. В начале октября из девятиэтажного дома № 4 по 3-й Гражданской улице в Москве были спешно эвакуированы жильцы. На каменных ступеньках, ведущих в подвал, кто-то обнаружил четыре ящика с 288 минными взрывателями. Такого количества взрывчатого вещества было достаточно, чтобы взорвать дом.

Как утверждали жильцы, во дворе их дома остановились две автомашины «Жигули». Несколько крепких мужчин вытащили из багажников машин четыре массивных деревянных ящика, обитых железом, и, оставив их на подвальных ступеньках, скрылись. Через полторы минуты первые милицейские наряды уже работали на месте происшествия. Еще через пятнадцать минут ящики осматривали специалисты-взрывотехники ФСБ, а вокруг дома была создана так называемая зона отторжения.

Милиция не смогла установить, кому принадлежат машины, из которых выгружали боеприпасы. Фотороботы террористов спортивного телосложения составить также не удалось. А у ведущих расследование милиционеров кроме традиционной версии о «чеченском следе» появилась еще и версия о проверке бдительности, проводимой спецслужбами.

Обратим внимание на то, в каком режиме работали правоохранительные органы Рязани в дни, когда Патрушев решил провести там «учения». В период с 13 по 22 сентября рязанские спецгруппы более сорока раз выезжали на сообщения жителей о заложенных взрывных устройствах. Так, 13 сентября в течение 20 минут из дома № 18 по улице Костюшко и прилегающих к нему домов были эвакуированы все жители. За полтора часа дом был обследован от подвалов до чердаков. В операции приняли участие курсанты ВДВ, наряды милиции, бригады «скорой помощи», сотрудники ГОиЧС, саперы ОМОНа. Подобная эвакуация была проведена также из дома по улице Интернациональной. В эти же дни пришлось эвакуировать редакцию газеты «Вечерняя Рязань» и учеников школы № 45. Всюду тревога оказалась ложной.

В один из подъездов дома № 32 на Станкозаводской школьники из озорства подбросили боевой снаряд РГД-22.

Операция по разминированию проводилась также в центре города, на Площади Победы. Там подозрительным предметом оказался вкопанный в землю пустой газовый баллон.

Помимо этого в городе шла операция «Вихрь-Антитеррор» по направлениям «Динамит» и «Иностранец». Спецотряды ежесуточно три раза в день проверяли 3.812 городских подвалов и 4.430 чердаков.

Днем 22 сентября из московского ФСБ в Рязань пришло сообщение, что по имеющейся в Москве информации один из домов по улице Бирюзова заминирован. Какой именно, неизвестно. В Рязани немедленно началась проверка всех домов улицы. Временно были эвакуированы тысячи людей, проверены все квартиры. Найдено ничего не было. Позже выяснилось, что тревога была ложной и организовал ее телефонный террорист. Тут-то Патрушев и решил проверить бдительность рязанцев в ночных условиях.

Закладка мешков в жилом доме в Рязани не могла быть учебной по ряду формальных обстоятельств. При проведении учений в обязательном порядке должен иметься заранее составленный план учений. В нем должны быть определены: руководитель учений, его заместитель, наблюдатели и проверяемые, т. е. те, кого проверяют (жители Рязани, сотрудники УФСБ по Рязанской области и т. д.). План должен расписать вопросы, подлежащие проверке. План должен иметь так называемую легенду, своеобразный сценарий разыгрываемого спектакля. В случае с Рязанью — сценарий закладывания в подвал жилого дома мешков с сахарным песком. В плане должно быть оговорено материальное обеспечение учений: автотранспорт, денежные средства (например, на покупку трех мешков сахара по 50 кг каждый), питание (если в учениях принимает участие большое количество людей), вооружение, средства связи, система кодовой связи (кодовые таблицы).

После всего этого план утверждается у вышестоящего руководства, и только затем, на основании утвержденного плана, издается письменный (и только письменный) приказ о проведении учений. Перед непосредственным началом учений лицу, утвердившему план учений и отдавшему приказ об их проведении, докладывается о начале учений. После окончания учений — докладывается об их окончании. В обязательном порядке составляется докладная записка о результатах учений, где определяются положительные итоги и недостатки, поощряются отличившиеся, указываются провинившиеся. Этим же приказом списываются материальные ценности, израсходованные или уничтоженные в ходе учений (в рязанском случае — как минимум три мешка с сахарным песком и патрон для детонатора).

О планируемом проведении учений в обязательном порядке должны быть поставлены в известность начальник местного УФСБ. Он находится в прямом подчинении у директора ФСБ, и проверять Сергеева без санкции Патрушева никто не имеет права. Точно так же без санкции Сергеева не имеют права проверять сотрудников рязанского УФСБ, подчиненных Сергеева. Значит, Патрушев и Сергеев должны были быть в курсе «учений» и обязаны были сделать заявление о проводимых «учениях» уже вечером 22 сентября. Между тем со стороны Патрушева такое заявление последовало только 24 сентября, а со стороны Сергеева не последовало вовсе, так как об «учениях» он ничего не знал.

Согласно положению ФСБ имеет право проверять только себя. Она не может проверять другие структуры или же частных граждан. Если ФСБ проверяет МВД (например, рязанскую милицию), то это уже совместные с МВД учения, и о них ставятся в известность еще и соответствующие руководители МВД в центре и на местах. Если учения затрагивают гражданское население (как было в Рязани), то привлекаются еще и службы гражданской обороны и МЧС. Во всех случаях, составляется совместный план учений, подписываемый руководителями всех ведомств. Утверждается этот план у лица, курирующего все вовлеченные в учения силовые структуры.

Учения могут быть максимально приближенными к реальной ситуации, например учения с боевой стрельбой. Однако проводить учения, при которых могут пострадать люди или же может возникнуть опасность заражения окружающей среды, категорически воспрещается. Особо оговорен запрет на проведение учений в отношении военнослужащих и подразделений, несущих боевую службу, или кораблей, стоящих на боевой вахте. Если пограничник стоит на посту, запрещено ради проверки его бдительности имитировать переход границы. Если есть охраняемый объект, нельзя в рамках учений нападать на объект.

Боевая служба отличается от учений тем, что во время службы решаются боевые задачи с боевым оружием. В каждом роде войск (и в милиции) есть устав боевой службы, в котором все расписано до деталей. 22—23 сентября 1999 года в Рязани рязанские милицейские патрули несли боевую службу с оружием и специальными средствами, которые имели право применять при задержании сотрудников ФСБ, закладывающих непонятные мешки в подвал жилого дома. Вся милиция Рязани после серии взрывов в России работала в усиленном режиме, в условиях реальной опасности совершения терактов. А значит, при проведении необъявленных учений незадачливых сотрудников ФСБ могли просто пристрелить.

А тут еще уголовное дело по ст. 205. Это означает, что следователь выписал постановление о розыске и задержании подозреваемых и что их при задержании могли убить. Основания о возбуждении уголовного дела четко определены в Уголовно-процессуальном кодексе (УПК) РФ. Там нет подпункта о возбуждении уголовного дела в ходе учений или в связи с учениями. Необоснованное или незаконное возбуждение уголовного дела есть преступление само по себе, равно как и его незаконное прекращение.

И наконец, учения не могли проходить без наблюдателей, т. е. тех, кто со стороны оценивает результаты учений, составляет затем отчеты о достижениях и промахах, поощряет, взыскивает, делает выводы. В Рязани наблюдателей не было.

Если бы Патрушев, вопреки всем существующим нормам, уставам и положениям отважился все-таки отдать приказ на проведение тайных учений, его поступок следовало бы считать преступлением. Начнем с того, что Патрушев нарушил «Федеральный закон об органах Федеральной службы безопасности в Российской Федерации», принятый Государственной думой 22 февраля 1995 года и утвержденный президентом. Статья 8-я этого закона гласит, что «деятельность органов Федеральной службы безопасности, применяемые ими методы и средства не должны причинять ущерб жизни и здоровью людей и наносить вред окружающей среде». Статья 6-я этого же закона пространно описывает обязанности ФСБ и права граждан:

> «Государство гарантирует соблюдение прав и свобод человека и гражданина при осуществлении органами Федеральной службы безопасности своей деятельности. Не допускается ограничение прав и свобод человека и гражданина, за исключением случаев, предусмотренных федеральными конституционными законами и федеральными законами.
>
> Лицо, полагающее, что органами Федеральной службы безопасности либо их должностными лицами нарушены его права и свободы, вправе обжаловать действия указанных органов и должностных лиц в вышестоящий орган Федеральной службы безопасности, прокуратуру или суд.
>
> Государственные органы, предприятия, учреждения и организации, независимо от форм собственности, а также общественные объединения и граждане имеют право в соответствии с законодательством Российской Федерации получать разъяснения и информацию от органов Федеральной службы безопасности в случае ограничения своих прав и свобод. […]

В случае нарушения сотрудниками органов федеральной службы безопасности прав и свобод человека и гражданина руководитель соответствующего органа Федеральной службы безопасности, прокурор или судья обязаны принять меры по восстановлению этих прав и свобод, возмещению причиненного ущерба и привлечению виновных к ответственности, предусмотренной законодательством Российской Федерации.

Должностные лица органов федеральной службы безопасности, допустившие злоупотребление властью или превышение служебных полномочий, несут ответственность, предусмотренную законодательством Российской Федерации».

Согласно статьям УК РФ описанные в 6-й статье федерального закона об ФСБ преступления подпадают под следующие статьи уголовного кодекса:

Ст. 286. Превышение должностных полномочий.

Совершение должностным лицом действий, явно выходящих за пределы его полномочий и повлекших существенное нарушение прав и законных интересов граждан или организаций […]. То же деяние, совершенное лицом, занимающим государственную должность Российской Федерации […] с применением насилия или с угрозой его применения; с применением оружия или специальных средств; с причинением тяжких последствий, наказывается лишением свободы на срок от трех до десяти лет с лишением права занимать определенные должности или заниматься определенной деятельностью на срок до трех лет.

Ст. 207. Заведомо ложное сообщение об акте терроризма.

> Заведомо ложное сообщение о готовящихся взрыве, поджоге или иных действиях, создающих опасность гибели людей, причинения значительного имущественного ущерба […] наказывается штрафом […] либо лишением свободы на срок до трех лет.
> И, наконец, *статья 213*.
> Хулиганство — грубое нарушение общественного порядка, выражающее явное неуважение к обществу, […] наказывается […] лишением свободы на срок до двух лет.

Должностное лицо, занимающее государственную должность — директор ФСБ Патрушев, — отдал приказ о проведении с помощью специальных средств (мешков с непонятным содержимым и охотничьим патроном) насильственного выселения на всю ночь жильцов рязанского дома. Результатом этого абсолютно противоправного действия, не предусмотренного военными или гражданскими уставами, положениями и законами, явились тяжкие последствия в форме ущерба здоровью и психологических потрясений граждан, в частности серьезная простуда одного ребенка, которого мать по приказу милиции вытащила на улицу прямо из ванны, не успев его толком одеть, а также сердечные приступы и гипертонические кризы у нескольких жильцов.

По крайней мере два специалиста-медика дали заключения относительно психологических последствий «учений» для выгнанных из дома людей. По мнению главы организационной службы психотерапевтической помощи Комитета здравоохранения Москвы Николая Кырова, жильцы дома в Рязани получили серьезную психологическую травму: «Это сравнимо с тем, что люди пережили бы во время настоящего теракта. А люди, пережившие взрыв, — это уже совсем другие люди, они непосредственно приблизились к границе жизни и смерти. Такие серьезные моменты уже никогда не покидают сознание.

Хотя бы в середине эксперимента надо было сообщить жильцам дома, что тревога не настоящая, а учебная».

Главный психотерапевт Москвы Юрий Бойко нарисовал даже более безрадостную картину: «В результате неуверенности и страха резко увеличится потребление никотина, спиртного и просто продуктов питания. Часть населения уже сегодня стремится получить помощь у непрофессионалов: возрастает интерес людей к различного рода сектам, магам, гадалкам». (От трех до десяти лет с отстранением от должности на три года.)

Зная о том, что в Рязани проводятся учения, Патрушев в течение полутора суток не сообщал об этом общественности и жителям дома в Рязани, а это равнозначно заведомо ложному сообщению о теракте. (Ограничимся денежным штрафом.)

Ну и согласно 213-й статье за явное неуважение к обществу — еще два года.

Отметим также, что согласно части IV «Положения о Федеральной службе безопасности Российской Федерации» от 6 июля 1998 года «Директор ФСБ России несет персональную ответственность за выполнение задач, возложенных на ФСБ России и органы Федеральной службы безопасности». Интересно, возьмется ли за это дело генпрокуратура России?

Чтобы сравнить происшедшее в Рязани с мировой практикой, приведем выдержки из интервью бригадного генерала Джона О'Коннора, возглавлявшего так называемый летучий отряд британского Скотланд-Ярда — спецназ, использующийся в борьбе с террористами и особо опасными преступниками. На вопрос, что он думает о событиях в Рязани, генерал ответил:

> «Я был абсолютно шокирован. […] Если бы нечто подобное случилось в Великобритании, то организатор такой провокации был бы предан за это суду. За 38 лет службы в полиции я ни разу не слышал ни о чем

подобном. Причем не только в британской полицейской практике, но и в полицейской практике других европейских стран. Мне даже трудно понять возможные мотивы, которыми руководствовались организаторы этой акции. Даже если они хотели проверить бдительность населения, его реакцию на возможную находку бомбы и взрывчатого вещества, то такую реакцию подсказывает элементарная логика. Это может породить лишь страх и панику. Возможная реакция населения на потенциальные теракты должна изучаться психологами и социологами, а не проверяться безответственными людьми с помощью незаконных и, я бы даже сказал, преступных методов. Ведь организаторы этой так называемой проверки бдительности, возможно, сами того не желая, стирают грань между террористами и полицией. С точки зрения профессиональной морали они использовали методы тех сил, с которыми призваны бороться».

Учения не могли проводиться на угнанной машине. Угон автомашины согласно УК РФ является преступлением, кражей. Лицо, совершившее такое преступление, несет уголовную ответственность. По закону об ФСБ совершать преступления сотрудники не имеют права даже при решении боевых задач. При проведении оперативных учений с оперативным составом используется только служебный транспорт ФСБ (в том числе оперативные автомашины, которых в ФСБ два автопарка только в центральном аппарате). Если такую машину останавливает ГАИ, например, за превышение скорости на трассе Москва—Рязань, или же задерживает рязанская милиция, потому что московский номер машины заклеен подозрительной бумажкой, машина сразу определяется как находящаяся на спецучете. Для любого милиционера это всегда указание на то, что машина является оперативным транспортом правоохранительных органов или спецслужб.

Учения непременно проводились бы на оперативном транспортном средстве. Напротив, теракт на оперативной машине ФСБ совершать не могла. Машину могли заметить (и заметили), определить (и определили). И как бы некрасиво выглядело, если бы террористы взорвали дом в Рязани, используя машину, числящуюся за автопарком ФСБ. А если террористы взрывают дом на угнанной машине, это привычно и естественно. С другой стороны, если сотрудников ФСБ днем (не ночью) остановят на угнанной машине для рутинной проверки или за превышение скорости, они покажут свои служебные удостоверения или «документы прикрытия», и никакой милиционер не станет проверять документацию на машину, а потому не узнает, что машина в розыске.

На оперативной работе у сотрудников ФСБ в виде «документа прикрытия» в кармане часто лежит удостоверение работника МУРа, отпечатанное в специальной лаборатории ФСБ. Именно муровское удостоверение капитана уголовного розыска Александра Евгеньевича Матвеева, выданное ГУВД Москвы за номером 03726, показал при задержании 14 мая 1999 года журналист «Московского комсомольца» Хинштейн, известный своей удивительной и далеко не случайной осведомленностью в делах, хранящихся в сейфах спецслужб. Кстати, у Хинштейна был еще и спецталон, запрещающий милиции осматривать машину. На вопрос милиции о происхождении документов Хинштейн честно ответил, что они принадлежат ему и являются «документами прикрытия».

Если такие служебные удостоверения нашлись у Хинштейна, можно себе представить, какой арсенал «документов прикрытия» имели при себе эфэсбэшники, отправляющиеся на взрыв дома в Рязани. А если вдруг при проверке документации на машину открывается, что она угнанная, всегда можно сказать, что машину только что нашли и гонят, чтобы вернуть владельцу.

Автомашина, на которой приехали террористы, — единственная улика, остающаяся после взрыва жилого дома. Единственный след, который может вывести на преступников. Автомашина — самое слабое звено в подготовке и проведении любого террористического акта. Иначе как на угнанной машине нельзя было взрывать дом в Рязани.

В заключение хотелось бы привести мнение бывшего генерального прокурора России Ю. И. Скуратова, высказанное им в интервью парижской газете «Русская мысль» (опубликовано 29 октября 1999 года):

> «Меня очень сильно смутило и насторожило произошедшее в Рязани. Здесь действительно можно выстроить схему: сами спецслужбы были причастны к подготовке взрыва в Рязани, а когда их прихватили, они очень неуклюже оправдывались. Меня очень удивляет, почему прокуратура так до конца и не разобралась с этим эпизодом. Это ее задача».

Таким образом, нет никаких указаний на то, что в Рязани проводились учения, кроме голословных заявлений руководителя ФСБ Патрушева, Здановича и некоторых других офицеров ФСБ. Наоборот, все говорит за то, что в Рязани действительно был предотвращен теракт. Осталось только, чтобы заказчики, организаторы, виновники и пособники этого преступления были судимы и осуждены. Поскольку мы знаем их имена, должности, служебные и домашние адреса, задержать подозреваемых преступников труда не составит.

Глава 6

ФСБ прибегает к массовому террору: Буйнакск, Москва, Волгодонск

> *Это не люди, это настоящие выродки, которых, как бешеных собак, надо просто отстреливать. Но поскольку мы действуем в рамках закона, то, естественно, надо их изобличить и чтобы они предстали перед судом.*
>
> *Террористы ... какие-то системы страховки могут придумать. В том числе и уничтожение непосредственных исполнителей. Я это совершенно не исключаю.*
>
> Из интервью А. Здановича
> радиостанции «Эхо Москвы»
> 16 сентября 1999 г.

В Буйнакске, Москве и Волгодонске исполнители терактов найдены не были. А об организаторах мы можем догадываться лишь по аналогии с Рязанью. В этих трех городах рязанский вариант «учений» был доведен до запланированного конца — оборвавшего и изуродовавшего жизни нескольких сотен людей.

В августе 1999 года на свободе оказались все участники группировки Лазовского, даже Воробьев. В это время как раз подходила к концу очередная военная операция в Дагестане, куда вторглись чеченские сепаратисты. С того времени многое было сказано и написано о вторжении чеченцев в Дагестан. Утверждали, что эта операция была спланирована в Кремле и спровоцирована спецслужбами. Российские СМИ пестрели статьями о конспиративной встрече Шамиля Басаева и руководителя администрации президента Александра Волошина во Франции, организованной сотрудником российской разведки А. Суриковым. Фактов для однозначных выводов в нашем распоряжении мало.

Точка зрения российского правительства по вопросу о вторжении чеченцев в Дагестан известна. Поэтому мы изложим мнение чеченской стороны, в частности Ильяса Ахмадова — чеченского министра иностранных дел в правительстве Аслана Масхадова:

> «Руководство Чечни осудило дагестанский поход. Это действительно для нас большая проблема. Но вспомните, что было в июле, когда российская армия уничтожила наш блокпост, а потом на нашу территорию вошел целый батальон российских солдат. Разве это не провокация? К Басаеву приходили паломники из Дагестана с просьбой освободить их от „русского ига", а когда он начал поход, стали говорить с экрана телевизора, что им этого не надо и они хотят жить в России. Это шито белыми нитками».

По мнению Абдурашида Саидова, основателя и бывшего председателя Исламско-Демократической партии Дагестана, начиная с 1997 года, после принятия парламентом Дагестана известного закона «О борьбе с исламским фундаментализмом», шло активное «выдавливание» религиозного меньшинства (ваххабитов) из Дагестана в Чечню. Ваххабитам в Дагестане создавали невыносимые условия жизни, их преследовали и угрожали физической расправой. При этом руководство Дагестана отдавало себе отчет в том, что в Чечне ваххабитов встретят с радостью. «Выдавленные» в Чечню дагестанские исламисты становились оппозиционерами, и со временем готовы были вернуться в Дагестан, но уже в другом качестве, как новые руководители государства. Слухи о предстоящем из Чечни вторжении ходили по Дагестану уже в 1997—1998 годах. В те же годы Россия оголила границы с Чечней в Цумадинском, Ботлихском, Казбековском районах Дагестана. Активисты радикальной дагестанской оппозиции свободно перемещались по территории двух республик. Но ФСБ, которую тогда возглавлял Путин, на это не реагировала. Не исключено, что в окружении лидера дагестанских исламистов-радикалов Багаудина, скрывавшегося в Чечне от преследований, были провокаторы, выполнявшие задание определенных российских силовых ведомств, и что именно эти люди в нужное время подтолкнули Багаудина, а через него — Басаева и Хаттаба — к вторжению в Дагестан.

С мая-июня 1999 года в Грозном уже любой рыночный торговец знал, что вторжение в Дагестан неминуемо. Только российские спецслужбы, почему-то об этом не догадывались. С июля в дагестанском селе Эчеда, в России, находились несколько сот вооруженных ваххабитов-дагестанцев, которые заранее окопались, укрепились в труднодоступных ущельях на границе с Чечней и Грузией. Задолго до прихода в Цумадинский район исламских мятежников эти места были нашпигованы оружием. В конце июля, в пик топливного кризиса в районе, прямо под окнами УВД и УФСБ Цумадинского района в лагеря боевиков многотонные грузовики доставляли топливо. ФСБ и на это не реагировала, поскольку предстоящее вооруженное столкновение между чеченцами и дагестанцами Кремлю было выгодно.

Одновременно Багаудину шли обнадеживающие сообщения агентов: «Кроме работников милиции, в Цумада никого нет, да и они своих трогать не будут. Мы в два счета будем в райцентре. Это твой родной район, народ ждет тебя, поддержка обеспечена, вперед!». И Багаудин попал в ловушку. Кстати, накануне вторжения Басаев предлагал Багаудину совместные действия, но последний помощь отверг, и потому Басаев с Хаттабом вынуждены были выступить отдельно, в Ботлихском направлении, очень кстати и очень вовремя для российского руководства и организаторов предвыборной кампании Путина. Тут-то и начались в России невиданные до тех пор теракты.

Мотивировку сентябрьских терактов предоставила сама ФСБ. В официальной справке УФСБ по Москве и области были сформулированы цели террористов, подорвавших в сентябре 1999 года в Москве жилые дома: «Одной из основных версий, разрабатываемых следствием, стало совершение террористического акта, направленного на дестабилизацию обстановки в Москве, устрашение населения и оказание воздействия на принятие властями определенных решений, выгодных организаторам акции». Ту же самую мысль, но на уровне фельетона сформулировала газета «Вечерняя Москва»: «Главная цель террористов — создать в обществе гнетущую и гнусную атмосферу. Чтобы я, струсив, дал по морде моему соседу-кавказцу, а он бы схватил „кынжал", и понеслась... Чтобы партия идиотов вышла из подполья и начались массовые аресты. Не спрашивай, что это за партия и где оно, это подполье».

Понятно, на какие «определенные решения» властей можно было повлиять взрывами, а на какие — нельзя. На решение о вводе войск в Чечню взрывами повлиять было легко. А вот на решение о предоставлении Чечне формальной независимости (неформальная независимость у Чечни к тому времени была) повлиять в нужную для чеченцев сторону терактами было совершенно невозможно. Иными словами, взрывы были нужны спецслужбам в России для начала войны с Чечней, а не повстанцам в Чечне для юридического признания независимости республики. То, что это именно так, доказало время: война началась, спецслужбы пришли к власти в России, независимость Чечни закончилась. И все это — результат произведенных в сентябре терактов.

31 августа 1999 года производится пробный теракт в торговом комплексе «Охотный ряд», на Манежной площади. Погиб один человек, 40 получили ранения. Правительство немедленно предложило к рассмотрению «чеченскую версию», хотя трудно было предположить, что чеченцы будут устраивать теракт в комплексе, генеральным директором которого является известный чеченец Умар Джабраилов. За подготовку и проведение теракта впоследствии был арестован «некий Рыженков», согласно версии ФСБ «выдающий себя за генерала ФСБ». Между тем о генерале ФСБ Рыженкове, «определенно работающем» на террористов, еще в 1996 году докладывал в ФСБ полковник Николай Васильевич Зеленько, начальник войсковой разведки 8-го армейского корпуса генерала Рохлина.

Военная разведка действительно занимается оперативной работой, в том числе на территории России, и имеет свою агентуру. 8-й армейский корпус был дислоцирован в Волгограде, воевал в Чечне и особенно активно занимался вербовкой агентов среди чеченцев. В Волгограде на полигоне ГРУ проходил подготовку Шамиль Басаев перед грузино-абхазским конфликтом, причем его обучение вела именно военная разведка. Если Зеленько узнал что-то об организаторах теракта в «Охотном ряду» и о Рыженкове или же о терактах вообще, он, безусловно, доложил об этом генералу Рохлину, так как последний был председателем комитета Госдумы по обороне. Рыженков тогда задержан не был. Наоборот, был арестован сам Зеленько.

Почти всю службу Зеленько провел на Кавказе. Побывал во всех горячих точках: Карабахе, Баку, Тбилиси, Абхазии, Дагестане и Чечне. В Грозном побывать не успел, так как был тяжело ранен. К раненому Зеленько на двадцатый день после операции на сердце в госпиталь им. Бурденко в Москве пришли сотрудники ФСБ, обвинили его в хранении неучтенного пистолета и намерении совершить убийство некоего бизнесмена и увезли подальше из Москвы — в тюрьму в Челябинск.

За что же был арестован Зеленько? Рохлин поддерживал дружеские отношения с Владимиром Ивановичем Петрищевым, в то время начальником военной контрразведки ФСБ. Об информации, полученной от Зеленько, Рохлин обязан был Петрищеву доложить. Тогда и стали происходить странные истории. Сначала был арестован Зеленько, затем 3 июля 1998 года был убит генерал Рохлин.

ФСБ сама подтвердила, что арест Зеленько, убийство Рохлина и террористические акты в России — события взаимосвязанные. Всеми делами занимался один следователь генпрокуратуры — Н. П. Индюков, имевший большой опыт расследования заказных дел, в которых важно было направить следствие по ложному следу. Именно Индюкову поручили вести следствие по делу Тамары Павловны Рохлиной, обвиненной в убийстве мужа. Этапы этого шедевра российской юриспруденции хорошо известны. После убийства генерала Тамара Рохлина была арестована, в ноябре 2000 года приговорена к восьми годам лишения свободы. В декабре срок заключения был сокращен вдвое. 7 июня 2001 года Верховный суд РФ отменил приговор Рохлиной, и 8 июня она была освобождена из-под стражи. Версию о том, что генерала убили трое неизвестных в масках, Индюков расследовать не стал.

Но самое удивительное, что и дело Зеленько, арестованного по совсем другим обвинениям, тянущим на обычную уголовщину, тоже вел Индюков, причем до суда дело не довели, а после смерти Рохлина Зеленько без лишнего шума освободили.

На фоне этих странных убийств, спорных расследований и спровоцированных вторжений 4 сентября 1999 года происходит взрыв дома в военном городке в Буйнакске, в Дагестане. Погибли 64 его жителя. Этот теракт однозначно связывали с поражением отрядов чеченских боевиков в Дагестане, хотя чеченцев среди исполнителей терактов не было, а обвиненные в организации взрыва люди утверждали, что невиновны. В тот же день в Буйнакске обнаружили заминированный автомобиль ЗИЛ-130, в котором находились 2.706 кг взрывчатого вещества. Автомобиль стоял на стоянке в районе жилых домов и военного госпиталя. Взрыв был предотвращен только благодаря бдительности местных граждан. Иными словами, второй теракт в Буйнакске предотвратили не спецслужбы, а граждане, так же, как и в Рязани.

В ночь на 9 сентября в Москве взлетел на воздух девятиэтажный жилой дом № 19 по улице Гурьянова. От взрыва бомбы погибли 94 человека, 164 получили ранения. Самая первая версия: взрыв газа. Однако уже на следующий день УФСБ по Москве и Московской области сообщило, что «обрушение 3-го и 4-го подъездов дома произошло в результате подрыва бризантного смесевого вещества массой около 350 кг. Взрывное устройство находилось на уровне 1-го этажа. Проведенными физико-химическими исследованиями изъятых на месте происшествия объектов на их поверхности обнаружены следы [...] гексогена и тротила».

Сразу же после первого взрыва жилого дома стало ясно, что теракт является делом рук профессионалов. Речь шла не столько об исполнении теракта, сколько о его организации и подготовке. Большой теракт, в котором использованы сотни килограммов взрывчатки, транспорт и люди, трудно подготовить быстро. По мнению многих бывших и действующих сотрудников спецслужб, в том числе бывшего сотрудника ГРУ, полковника в отставке Роберта Быкова, террористы должны были завозить взрывчатку в Москву несколькими партиями, на протяжении четырех-шести месяцев. Моделирование терактов показало, что быстрее подготовить такого типа взрывы было невозможно. При построении модели учитывались все этапы: получение заказа, первоначальный расчет по плану дома, выезд на место, корректировка расчета, определение оптимального состава взрывчатки, заказ на ее изготовление, окончательный расчет с поправкой на реальный состав взрывчатки, аренда помещения, завоз туда взрывчатки и т.д. Таким образом, подготовка должна была начаться еще весной 1999 года. В это время чеченцы никак не могли готовиться к терактам в ответ на контрнаступление российских войск, так как в Дагестан чеченцы еще даже не вошли.

Слухи о предстоящих терактах висели в воздухе задолго до первых взрывов. 2 июля 1999 года журналист Александр Жилин получил в свое распоряжение некий документ, датированный 29 июня 1999 года. Жилин считал, что документ исходит из Кремля, что утечку организовал Сергей Зверев, заместитель главы президентской администрации, и что за это он был отправлен в отставку.

Содержание документа вызывало недоумение. Тем не менее Жилин передал его вице-премьеру московского правительства Сергею Ястржембскому. Реакции Ястржембского не последовало (а еще через какое-то время Ястржембский ушел от Лужкова, что неудивительно, и был взят на работу Путиным — а вот это удивительно). Если бы документ опубликовали после взрывов, все бы решили, что он является поздней фальсификацией. До взрывов опубликовать документ под названием «Буря в Москве» отважилась 22 июля «Московская правда»:

«Конфиденциально

Некоторая информация о планах
в отношении Лужкова Ю. М. и
обстановки в Москве

Из надежных источников стало известно следующее. Одной из аналитических групп, работающих на администрацию президента, разработан план дискредитации Лужкова с помощью провокационных мероприятий, призванных дестабилизировать социально-психологическую ситуацию в Москве. Между собой разработчики называют его „Бурей в Москве".

По утверждению источников, город ожидают потрясения. Так, планируется проведение громких террористических актов (или попыток терактов) в отношении ряда государственных учреждений: зданий ФСБ, МВД, Совета Федерации, Мосгорсуда, Московского арбитражного суда, ряда зданий. Предусмотрено похищение известных людей и обычных граждан „чеченскими боевиками".

Отдельной главой прописаны „криминально-силовые" действия против коммерческих структур и бизнесменов, поддерживающих Лужкова. Дана команда поднять и наработать дополнительно „оперативный" материал по Кобзону, Гусинскому и Мост-медиа, Джабраилову, Лучанскому, Тарпищеву, Таранцеву, Орджоникидзе, Батуриной (жена Лужкова), Громову, Евтушенкову, П. Гусеву и другим персонам. В частности, инциденты вблизи офиса Кобзона и „Русского золота" якобы произошли согласно плану, о котором идет речь. Цель — создать твердое убеждение, что бизнес тех, кто поддерживает Лужкова, будет разрушен, а безопасность самих единомышленников не гарантирована.

Разработана отдельная программа, направленная на стравливание между собой действующих в Москве организованных преступных групп и провоцирование войны между ними, что, по замыслу авторов, создаст в столице невыносимую криминогенную обстановку, с одной стороны, и позволит прикрыть спланированные теракты против госучреждений криминальными разборками и хаосом — с другой.

Данные „мероприятия" преследуют несколько целей. Создание в Москве обстановки страха и иллюзии криминального беспредела. Инициирование отстранения от должности нынешнего главы УВД Москвы. Насаждение москвичам убеждения, что Лужков потерял контроль над ситуацией в городе.

Кроме того, по информации источников, параллельно с этим в прессу будет сделан мощный вброс информации о том, кто в правительстве Москвы связан с мафией и организованной преступностью. В частности, главным куратором этнических организованных преступных групп будет представлен г-н Орджоникидзе, которого в прессе свяжут в том числе с чеченскими преступниками, „получившими в распоряжение Киевский вокзал, отель «Рэдиссон-Славянская», торговый комплекс на Манежной площади" и т.д. Через „красную" и „патриотическую" прессу пойдут материалы о засилье Москвы кавказцами, об их беспределе в столице в ущерб безопасности и благо-

> получия москвичей. Статистика на сей счет в МВД уже подбирается. Кроме того, через этот же канал будут реализованы уже сфабрикованные материалы о „связях Лужкова со всемирной сионистской или сектантской организациями"».

За несколько дней до взрывов с депутатом Госдумы Константином Боровым встретился один из офицеров ГРУ и передал ему список участников теракта, состоящий из нескольких фамилий. Боровой сразу же передал список в ФСБ, но последствий это предупреждение не имело. Боровой считает, что он не был единственным каналом, по которому в спецслужбы шли предупреждения о готовящемся теракте, но мер по предотвращению взрывов принято не было.

Точку зрения Борового можно бы было игнорировать, если бы такого же мнения не придерживался один из самых известных российских специалистов в области диверсионно-террористической деятельности, бывший сотрудник ГРУ, полковник в отставке Илья Старинов. Он заявил, что в его ведомстве просто не могли не знать о предстоящих взрывах. Столь фатальное игнорирование сигналов о терактах можно объяснить только тем, что их готовила сама ФСБ.

Не исключено, что одним из организаторов взрывов в Москве был майор ФСБ Владимир Кондратьев. 11 марта 2000 года по интернету он прислал свое покаянное письмо «Я взорвал Москву!» в электронное издание «Агентство федеральных расследований» (FLB — FreeLance Bureau). Как и подобает гражданам-патриотам, сотрудники сайта FLB немедленно сообщили о письме в ФСБ. Содержание письма было доложено Патрушеву. Из ФСБ прибыли два специалиста-компьютерщика, «скачали» письмо и обещали во всем разобраться. Больше их никто не видел. Приведем выдержки из этого письма. Следует, однако, подчеркнуть, что независимой информации о том, является ли письмо подлинным, у нас нет.

«Да, это я взорвал дом по улице Гурьянова в Москве. Я не чеченец, не араб, и не дагестанец, а самый настоящий русский — Владимир Кондратьев, майор ФСБ, сотрудник строго засекреченного отдела К-20. Наш отдел был создан сразу после подписания Хасавюртовских соглашений. Перед нами была поставлена задача — организация и проведение операций по дискредитации Чеченской Республики с целью недопущения ее мирового признания. Для этого нам были даны очень широкие полномочия и самые неограниченные финансовые и технические возможности.

Одна из самых первых разработанных нами и удачно осуществленных операций называлась „Ковпак". Суть ее заключалась в том, что мы ездили по всем колониям России и вербовали уголовников (предпочтение отдавалось лицам кавказских национальностей), комплектовали их в группы, давали им оружие, деньги, затем отвозили на территорию Чечни и там их выпускали с единственной конкретно поставленной задачей — похищение людей, в частности иностранцев. И надо сказать, наши питомцы очень удачно с ней справились.

Масхадов и его люди ездили по всему миру, тщетно пытаясь заручиться зарубежной поддержкой, а в это время на территории их республики пропадали иностранцы. Самую эффектную точку в этой операции поставило похищение и убийство британских и новозеландского инженеров, осуществленные по нашему приказу.

В июне прошлого года перед нашим отделом была поставлена новая задача — вызвать в стране всеобщую ненависть к Чечне и чеченцам. При разработке идей в нашем отделе эффективно практиковался brainstorm. Так во время очередной „мозговой атаки" родилось несколько идей, среди которых: распространение по всей стране листовок с угрозами со стороны чеченцев, убийство всеобщей любимицы Аллы Пугачевой, взрывы в жилых домах, свалив затем все это на чеченцев. Все эти предложения были доложены руководству ФСБ, которая остановила свой выбор на последней идее как на самой эффективной и дала нам „добро" на ее осуществление.

Нами были запланированы взрывы в Москве, Волгодонске, Рязани, Самаре, а также в Дагестане и Ингушетии. Были выбраны конкретные дома, подобрана и рассчитана взрывчатка. Операции было дано кодовое название „Хиросима". Непосредственное же ее осуществление было поручено мне, так как я был единственный в нашем отделе специалист по взрывному делу, к тому же имеющий сравнительно большой опыт. Хотя в душе я и не был согласен с идеей взрыва жилых домов, но не мог отказаться от выполнения приказа, так как каждый сотрудник нашего отдела с первых дней его создания был поставлен в такие условия, что обязан был выполнять любой приказ. Иначе его просто превращали в Вечное Молчание. И я выполнил приказ!

На следующий день после взрыва я поехал на место проведения операции с целью ее оценки и анализа результатов. Увиденное же там поразило меня. Я уже упоминал, что мне и раньше приходилось взрывать, но то были не жилые объекты, к тому же за пределами России. А здесь я взорвал русский дом, убил русских людей, и русские женщины, рыдая над русскими трупами, на родном мне языке проклинали того, кто это сделал. И я, стоя рядом с ними, физически чувствовал, как проклятие обволакивает меня, проникает в голову, грудь, заполняет все мое тело, пропитывает каждую мою клетку. И я понял, что Я — ПРОКЛЯТ!

Вернувшись в отдел, вместо отчета о проделанной операции я написал рапорт с просьбой перевести меня в другой отдел, объяснив это моральной и физической усталостью. Видя мое состояние, меня временно отстранили от участия во всех операциях и осуществление второго взрыва, который был запланирован на понедельник, поручили моему напарнику. Меня же, чтобы я не смог этому помешать, решили простонапросто ликвидировать.

В субботу, чтобы, оставшись наедине с собой, подумать над тем, что же мне делать дальше, и прийти в себя, я выехал к себе на дачу. По дороге я почувствовал, что у моей машины, за которой я всегда тщательно ухаживал и которая меня никогда не подводила, вдруг отказали тормоза.

Я понял, что меня решили убрать классическим методом, принятым в нашей организации. И я, точно так же, как нас учили поступать в подобных ситуациях, направил машину в воду, благо речка оказалась по пути, а сам благополучно выбрался на берег. Затем на попутке добрался до Москвы и в тот же день по оперативным каналам покинул пределы России.

Сейчас я живу за тысячи километров вдали от Родины. С документами у меня все в порядке — теперь я официально гражданин этой небольшой страны. У меня нерусское имя и фамилия, и здесь никто не догадывается, кто я такой на самом деле. Я знаю, ФСБ способна на все, но все-таки надеюсь, что мои коллеги не найдут меня здесь.

На моей новой родине я открыл свой маленький бизнес, деньги у меня есть, и теперь могу спокойно прожить здесь до конца своих дней. Тогда зачем же Вам пишу все это, рискуя засветиться? (Хотя я и принял меры предосторожности, отправляя письмо из третьей страны и через третьи руки).

[...] Я уже упоминал Самару среди прочих подготовленных к взрыву городов. Жертвой тогда должны были стать жильцы дома по улице Ново-Вокзальная. Хотя не исключаю, что после неудавшейся попытки взрыва дома в Рязани в нашем отделе могли полностью отказаться от подобных операций. Но все-таки считаю своим долгом предупредить о ней».

После публикации в интернете письма Кондратьева Ассоциация ветеранов «Альфы» за несколько дней до президентских выборов выступила с опровержением, в котором, в частности, указывалось, что отдела К-20 в спецслужбах не существует. В этой связи следует указать на историю создания Управления «К».

Еще в 1996 году в ФСБ на базе Управления по борьбе с терроризмом был создан так называемый Антитеррористический центр (АТЦ), в состав которого входили Оперативное управление (ОУ), занимавшееся разработкой и розыском террористов, и Управление по защите конституционного строя (Управление «К»), бывшее 5-е Управление КГБ, разрабатывавшее политические и религиозные группы и организации, в том числе диссидентов. Затем АТЦ был преобразован (скорее — просто переименован) в Департамент по борьбе с терроризмом и Управление конституционной безопасности (Управление «К»). 28 августа 1999 года, перед началом «сентябрьской» волны взрывов, последовало новое преобразование — в Департамент по защите конституционного строя и борьбе с терроризмом.

Многочисленные реорганизации не следует считать случайными. Переформировывая различные «департаменты» и «управления», ФСБ самым банальным образом заметала следы. Разобраться в том, кто за что ответственен, кто чем руководит, кто отдает приказы и кто в чьем подчинении, — при такой частоте преобразований человеку постороннему не представлялось возможным. Абсолютно намеренно делались сложные и путаные названия, похожие друг на друга. Все это еще и для того, чтобы сбить со следа журналистов. Реально же все люди оставались на своих местах, и офицеры госбезопасности, как сидели в своих кабинетах на 7-м и 9-м этажах Большой Лубянки, 1, где еще во времена Сталина работал Судоплатов, так и сидят. Ничего не изменилось.

Новый департамент возглавил вице-адмирал Герман Алексеевич Угрюмов, скончавшийся в своем рабочем кабинете в Чечне, в Ханкале, 31 мая 2001 года. Сразу же после его смерти появилась информация о том, что Угрюмов покончил жизнь самоубийством. Сообщалось, что в 13.00 в кабинет Угрюмова вошел человек в штатском. Он покинул кабинет через полчаса, а еще через 15—20 минут вице-адмирал застрелился.

Если бывшим сотрудникам 5-го Управления КГБ была поручена борьба с терроризмом и защита конституционного строя демократической России, можно быть уверенным в том, что Управление «К» ничем, кроме организации терактов и борьбой с демократией, не занималось. Как сказал в свое время Собчак, речь идет о людях, для которых слова «законность» и «демократия» просто лишены смысла. «Для них существуют лишь приказы, а законы и права являются для них препятствием». Означает ли это, что кроме секретного отдела «К-20», о котором упоминает майор Кондратьев, существовало еще по крайней мере 19 спецгрупп?

Удивительно, но сами чекисты считали теракты делом рук ФСБ. Журналист «Московской правды» Эрик Котляр в статье 10 февраля 2000 года рассказал об одном эпизоде:

«Осенью прошлого года мне довелось встретиться с работником суперсекретной службы. […] И вот что он рассказал: „В тот вечер я приехал поздно. Дома никого не было. Дочка, жена и теща на даче. Только разбил яичницу на сковородку, как за окном раздался оглушительный взрыв. Стеклопакеты прямо влетели в комнаты с клубами гари и пыли! Выскочил на площадку, там соседи в панике. Зачем-то вызывают лифт. Я им кричу: «Спускайтесь по лестнице, лифт может сорваться!» […] Выскочил на улицу, а от середины дома напротив почти ничего не осталось! […] На следующий день кое в чем разобрался и твердо решил: семью увезу из России, жить здесь опасно, а дочка у меня единственная!"

— Но ведь это чеченцы устроили взрывы в Москве…

— Какие там к… чеченцы, — в сердцах махнул он рукой».

Котляр сделал вывод, что его приятель что-то знает.

Уже 10 сентября губернатор Алтайского края Александр Суриков заявил, что «взрывы в Москве связаны с отголосками из Дагестана», но что люди, заинтересованные в терактах, находятся в России и в Москве. Суриков предложил собрать внеочередное заседание Совета Федерации (СФ) для обсуждения вопроса о введении в стране чрезвычайного положения.

В ночь на 13 сентября газета «Московский комсомолец» подготовила в печать статью под названием «Секретная версия взрыва», где пыталась проанализировать случившееся:

«Непосредственно в подготовке теракта чеченские боевики не принимали участия. Судя по картине взрыва, бомбу закладывали специалисты, прошедшие подготовку в российских секретных ведомствах. Дело в том, что все предыдущие теракты, имеющие, как принято считать, чеченский след, совершались по одному и тому же сценарию: около здания взрывался автомобиль с начинкой. Такая машина обычно паркуется перед предполагаемым объектом взрыва всего за несколько часов. Детонатор оснащается часовым механизмом. Даже в случае обнаружения передвижной мины у взрывотехников остаются лишь считанные минуты, чтобы ее обезвредить (как это случилось в прошлое воскресенье у здания военного госпиталя в Буйнакске). [...] Такая любовь к заминированным машинам объясняется очень просто. Взрывчатка нынче дорога, а террористы за каждый килограмм тротила или другого вещества платят наличными. И минирование объекта хотя бы за сутки до „часа икс" чревато провалом — слишком велик риск обнаружения бомбы. [...] Картина же взрыва на улице Гурьянова позволяет предположить, что его готовили люди, не привыкшие экономить, — то есть сотрудники спецслужб. [...] Эксперты установили, что основной заряд в доме на Гурьянова был заложен в арендуемом помещении — магазине на 1-м этаже. Причем взрывчатка оказалась там задолго до взрыва. Видимо, преступники не мелочились — в случае обнаружения взрывчатки аналогичная акция просто была бы перенесена в другой район столицы. Такая тактика сродни использованию конспиративных квартир, столь любимых спецслужбами всего мира. При провале одной из них операция проходит в другом районе. Специалисты, способные провести такой теракт, во времена СССР служили как в КГБ, так и во 2-м Главном управлении генштаба (более известном как ГРУ)».

Иными словами, очень мягко, «МК» намекала на то, что за взрывами стоит ФСБ.

12 сентября в московской милиции раздался звонок. Звонили жители дома по Каширскому шоссе, 6/3: «У нас в подвале что-то не в порядке», — сообщили граждане. Приехал наряд милиции. У входа в подвал их встретил, как они считали, один из работников Районного эксплуатационного управления (РЭУ) и сказал, что в подвале все в порядке, в нем «свои». Милиция потолкалась у входа в подвал, внутрь не вошла и вскоре уехала.

Ранним утром, когда газета «МК» со статьей «Секретная версия взрыва» развозилась по киоскам Москвы, взлетел на воздух восьмиэтажный дом по Каширскому шоссе, 6/3, тот самый, у подъезда которого вежливый «сотрудник РЭУ» разговаривал с милиционерами. По-своему он оказался прав: в подвале все оказалось «в порядке» — для проведения теракта.

Через несколько дней «МК» пыталась разыскать находчивого «сотрудника РЭУ»: «Я встречался с главами управ в районе Каширки, — рассказывал корреспондент газеты. — До сих пор не можем вычислить, кто из работников РЭУ покрывал человека, который втихаря снимал „в субаренду" помещение в подвале дома № 6. Никто не признается. Это или техник, или мастер, или начальник участка». Не нашли ни «сотрудника», ни тех, кто сдавал подвал.

На 14.00 по московскому времени 13 сентября из-под обломков взорванного на Каширке дома были извлечены 119 погибших и 13 фрагментов тел. Среди погибших было 12 детей. Эксперты сразу же установили, что характер обоих взрывов полностью идентичен, как и состав взрывчатки. Начались тотальные проверки домов, чердаков, подвалов. По одному из адресов — на улице Борисовские пруды, 16/2 — был обнаружен склад взрывчатки. Помимо гексогеновой смеси и 8 кг пластита, который использовался как детонатор, там нашли шесть электронных таймеров, сделанных из портативных часов-будильников «Casio». Пять из них уже были запрограммированы на определенное время. Террористам оставалось лишь развезти таймеры по адресам и подсоединить их к детонаторам. В частности, был заминирован дом на Краснодарской улице.

Последним террористы собирались разрушить здание на улице Борисовские пруды — 21 сентября в 4 часа 5 минут утра. Поразительно, что ФСБ, проводившая в Москве поиск террористов, вместо того чтобы оставить на Борисовских прудах засаду и задержать террористов, которые безусловно рано или поздно пришли бы за детонаторами, поспешила через средства массовой информации оповестить преступников, что склад на Борисовских прудах провален. Предположить, что сделанное ФСБ заявление об обнаружении конспиративного склада террористов — случайность, абсолютно невозможно. Такой ошибки не сделал бы даже начинающий рядовой следователь.

Информация о найденной после терактов взрывчатке и ее количествах была противоречива. В Москве нашли 13 тонн взрывчатки. Три-четыре тонны — в доме на Борисовских прудах, еще больше — на складе в Люблино, четыре тонны в гаражном боксе в Капотне. Со временем было установлено, что шесть тонн гептила (ракетного топлива, одним из компонентов которого является гексоген) были вывезены с Невинномысского химического комбината Ставропольского края. Из шести тонн гептила можно было сделать десять тонн взрывчатого вещества. На кухне, в гараже, в подпольной лаборатории шесть тонн гептила в десять тонн взрывчатки не переработаешь. Перерабатывали гептил, видимо, где-то на армейском складе. Затем мешки нужно было загрузить в машины, вывезти на глазах у охраны, предъявить какие-то документы.

Для перевозки нужны были водители и грузовики. В общем, в операцию была вовлечена целая группа людей, а если так, информация должна была поступить и по линии агентуры ФСБ, и по линии агентуры армейской контрразведки.

В Москве взрывчатка была расфасована в мешки для сахара с надписью «Черкесский сахарный завод». Но такого завода не существует. Если бы «сахар» в таких мешках везли через всю Россию, да еще по поддельной документации, слишком много было бы шансов попасться. Проще было бы заготовить документацию для «сахара» с существующего завода. Из этого факта можно сделать сразу несколько выводов, например, что террористы хотели направить следствие именно в КЧР, так как было очевидно, что рано или поздно хоть один мешок «Черкесского сахарного завода» попадет в руки следователей; что террористы не боялись везти мешки с фальшивой надписью и документацией в Москву, так как, видимо, были абсолютно спокойны за собственную безопасность, равно как и за сохранность своего товара. Наконец, можно было предположить, что взрывчатка расфасовывалась в мешки в Москве.

Финансирование теракта трудно было провести, не оставив следов. О крупной пропаже гептила или гексогена со складов разведка должна была хоть что-то слышать, поскольку бесплатно террористам взрывчатку никто бы не дал. Бесплатно с завода или со склада гексоген могли получить только органы госбезопасности или военные.

Именно к таким выводам приходили многочисленные журналисты и специалисты, ломавшие голову над хитроумными схемами о поставках гексогена в Москву. А схема эта оказалась до примитивного проста, так как разработана была самой ФСБ. Суть схемы была в следующем.

24 октября 1991 года в Москве был учрежден научно-исследовательский институт Росконверсвзрывцентр. Институт располагался в самом центре — по адресу: Большая Лубянка,

д. 18, строение 3 — и был создан для «утилизации конверсируемых взрывчатых материалов в народном хозяйстве». Бессменным руководителем института с 1991 по 2000 год был Ю. Г. Щукин. В действительности институт был прикрытием, ширмой — буфером-посредником между армией и «потребителем» — и занимался незаконной торговлей взрывчаткой. Через институт проводились сотни тысяч тонн взрывчатых веществ, в основном тротила. Институт покупал взрывчатку в воинских частях для утилизации и конверсии или же у химических заводов для «изучения». А затем продавал потребителям взрывчатки, в числе которых были легальные и реальные коммерческие структуры, например белорусское государственное предприятие «Гранит». Разумеется, институт не имел права заниматься продажей взрывчатки. Но на это почему-то все смотрели сквозь пальцы, в том числе руководители силовых ведомств, включая Патрушева.

Среди многочисленных крупных контрактов на поставки сотен тысяч тонн тротила и тротиловых шашек, подписанных институтом с поставщиками (армией) и потребителями (коммерческими структурами), почему-то попадались мелкие контракты на одну-две тонны тротиловых шашек, с подробно расписанными обязательствами сторон, хотя за тонну «товара» выручались всего-то 300—350 долларов, ради которых и машину гонять не стоит. Эти мелкие контракты на поставку «тротиловых шашек» как раз и были соглашениями о поставках гексогена. Через институт гексоген закупался в армии и передавался террористам для взрыва домов в Москве и других городах России. Эти поставки были возможны лишь потому, что НИИ Росконверсвзрывцентр Ю. Г. Щукина был создан спецслужбами, а получавшие «тротиловые шашки» террористы являлись сотрудниками ФСБ.

Итак... Гексоген, расфасованный в 50-килограммовые мешки с надписью «Сахар», находился там, где только и мог быть, — на складах воинских частей, охраняемых вооруженным караулом. Одним из таких складов был склад 137-го рязанского воздушно-десантного полка. Одним из таких караульных — рядовой Алексей Пиняев. По цене тротиловых шашек, а именно 8.900 рублей за тонну, т. е. примерно за 300—350 долларов, институт закупал гексосен со склада воинской части формально для исследовательской работы. В накладных гексоген проходил как тротиловые шашки. Доверенность выписывалась на «получателя» — посредника между институтом и террористами. В доверенностях тротиловые шашки обозначались невинной маркировкой А-IX-1. Только крайне узкий круг лиц знал о том, что маркировкой А-IX-1 обозначается гексоген. Не исключено, что посредники, вывозившие гексоген на собственном автотранспорте со складов воинских частей, об этом тоже не знали.

Вывезенные со складов воинских частей мелкие партии «тротиловых шашек» (гексогена) буквально исчезали (передавались террористам). Мелкие заказы по 300—600 долларов в общих потоках в сотни тысяч тонн тротиловых шашек отследить было невозможно.

Журналисты пытались понять, каким же образом террористы перевозили гексоген по просторам России. А его и не нужно было перевозить. Гексоген использовался по месту нахождения. Так, гексоген со склада 137-го рязанского ВДП использовался на улице Новоселов города Рязани. Гексоген со складов подмосковных воинских частей оказывался в Москве... Система была до гениального проста. Она предусмотрела все, кроме, пожалуй, совсем случайных проколов, которые, конечно же, не стоило учитывать: наблюдательного водителя Алексея Картофельникова, любознательного рядового Алексея Пиняева, бесстрашного журналиста «Новой газеты» Павла Волошина. И уж абсолютно нельзя было предусмотреть выезд в Лондон с документами и видеоматериалами агента ФСБ и члена консультативного совета комиссии Государственной думы по борьбе с коррупцией Н. С. Чекулина, по иронии судьбы исполнявшего в 2000—2001 годах обязанности директора Росконверсвзрывцентра.

Тем временем в Москве после взрыва двух жилых домов продолжалась проверка жилого фонда. За одни сутки столичной милицией были проверены 26.561 квартира. Особое внимание было уделено нежилым помещениям на первых этажах зданий, подвалам и полуподвалам, то есть местам, которые часто используются под склады. Таких помещений было проверено 7.908. Проверялись также общественные учреждения — 180 гостиниц, 415 общежитий, 548 увеселительных заведений (казино, баров, кафе). Эта работа проводилась в рамках поиска подозреваемых в причастности к терактам в Москве. В проверке приняли участие 14,5 тысяч сотрудников ГУВД и 9,5 тысяч военнослужащих внутренних войск, в том числе отдельной дивизии оперативного назначения (бывшая дивизия имени Ф. Э. Дзержинского). Сотрудники МВД и ГУВД работали без выходных по двенадцать часов в сутки.

Были установлены помещения, заминированные террористами. По официальной версии следствия (не имеющей, может быть, вообще ничего общего с действительностью) их арендовал Ачимез (Мухит) Шагабанович Гочияев (Лайпанов). Настоящий Лайпанов был уроженцем Карачаево-Черкесской республики (КЧР) и погиб в феврале 1999 года в автомобильной катастрофе в Краснодарском крае. Документы погибшего Лайпанова стали «документами прикрытия» настоящего террориста. «Подобная практика является обычной схемой легализации агентов всех спецслужб мира. Это классика, описанная во всех учебниках. Якобы погибшему человеку даруется новая жизнь», — комментировал происшедшее бывший работник ГРУ, всю жизнь занимавшийся развертыванием агентурной сети за рубежом.

Еще в июле 1999 года Гочияев-Лайпанов обратился в одно из московских агентств по аренде недвижимости, расположенное на Беговой улице, и получил там информацию о 41 помещении. 38 помещений после первого взрыва были проверены следователями на предмет нахождения в них взрывчатки.

Определен был и молодой напарник «Лайпанова». По утверждению ФСБ им был вынужденный переселенец из Узбекистана, бывший послушник медресе «Йолдыз» в Татарстане, в Набережных Челнов, русский по матери и башкир по отцу, 21-летний Денис Сайтаков. ФСБ считало, что именно он во время подготовки теракта снял вместе с «Лайпановым» номер в гостинице «Алтай» и активно обзванивал фирмы, сдающие в аренду грузовики. И хотя КГБ Татарстана уже на второй день после теракта по требованию Москвы начал искать подозреваемого, в татарстанском КГБ не было уверенности, что Сайтаков причастен к взрывам. По крайней мере заместитель председателя КГБ Татарстана Ильгиз Минуллин подчеркнул: «Никто не может объявлять Сайтакова террористом, пока его вина не доказана. […] На сегодняшний день органы безопасности фактами, указывающими на причастность к террористическим актам в Москве […] учащихся медресе „Йолдыз", не располагают». КГБ Набережных Челны тоже выпустил заявление, в котором указывал, что обвинение жителей Татарстана в пособничестве террористам не имеет оснований и что информации о причастности жителей республики к взрывам в татарстанском КГБ нет.

Террористы, готовившие сентябрьские взрывы, пошли по пути наименьшего сопротивления. Сначала они по «документам прикрытия» сняли несколько подвальных и полуподвальных помещений, в том числе на улице Гурьянова и на Каширском шоссе. Затем завезли туда взрывчатку, обложив ящики с гексогеном продуктами питания (мешками с сахаром и чаем) и упаковками с сантехникой (так было на улице Гурьянова). Объекты диверсий были выбраны идеально. Вероятность встретить милицию у домов в нереспектабельных «спальных» районах обычно была невысока, в подъездах, как правило, не было консьержек. Как считал Старинов, «расположение этих домов и обстановка вокруг них» соответствовала «двум самым необходимым для террористов-подрывников условиям — это уязвимость и доступность».

Террористы заложили столько взрывчатки, сколько было необходимо для полного обрушения объектов. Диверсант Старинов предположил, что взрывы можно было произвести силами трех человек. Похоже, террористы имели прекрасную подготовку, причем не только диверсионную, но и разведывательную: умели уходить от наблюдения, жить под «легендой»... Научиться всему этому невозможно даже за год, пройдя курс подготовки в самом лучшем спеццентре. Москвичи стали жертвой террористов-профессионалов. А такие на российской территории работали только в системе ФСБ и ГРУ.

Петра Прохазкова, чешская журналистка, бравшая интервью у Хаттаба как раз в дни взрывов, запомнила ошеломляющую реакцию Хаттаба на сообщения о терактах в Москве. Он переменился в лице, и испуг этот был неподдельный. Это был искренний испуг человека, который понял, что теперь на него спишут все. Хаттаб, по единодушному мнению знающих его людей, не актер и не смог бы изобразить недоумение и страх.

Чеченцам было невыгодно производить теракты. Общественное мнение было на их стороне. Это общественное мнение, как российское, так и международное, было ценнее двух-трех сотен взорванных жизней. Именно поэтому чеченцы не могли стоять за терактами в сентябре 1999 года. Вот что сказал по этому поводу министр иностранных дел в правительстве Аслана Масхадова Ильяс Ахмадов:

«*Вопрос*: Во Франции вы говорите, будто всем известно, что теракты в Москве и Волгодонске были организованы российскими спецслужбами [...]. У вас есть доказательства?

Ответ: Безусловно. У нас на протяжении прошлой войны никогда не было поползновений к подобных вещам. Но если бы это организовали Басаев или Хаттаб, я вас уверяю, они бы не постеснялись признаться в этом России. Кроме того, все знают, что несостоявшийся взрыв в Рязани был организован СБ. [...] Я сам служил в армии подрывником на испытательном полигоне и прекрасно знаю, как сильно отличается взрывчатое вещество от сахара».

Вот мнение еще одного осведомленного лица, с которым трудно не согласиться — министра обороны Чечни, командира президентской гвардии Магомета Хамбиева:

«Теперь о взрывах в Москве. Почему чеченцы не совершают теракты сейчас, когда идет уничтожение нашего народа? Почему российские власти оставили без внимания инцидент с гексогеном в Рязани, когда милиция задержала сотрудника спецслужбы с этой взрывчаткой? Ведь нет ни единого доказательства так называемого чеченского следа этих взрывов. И менее всего эти взрывы были выгодны чеченцам. Но тайное обязательно станет явным. Я уверяю вас, что исполнители и организаторы взрывов в Москве и других городах России станут известны со сменой политического режима в Кремле. Потому что заказчиков нужно искать именно в кремлев-ских коридорах. Эти взрывы нужны были, чтобы начать войну, чтобы отвлечь внимание россиян и всего мира от скандалов и грязных махинаций в Кремле».

В Москве тем временем появились подозрения, что взрывы проводят люди, пытающиеся заставить правительство ввести чрезвычайное положение и отменить выборы. Со стороны ряда политиков последовали опровержения: «Я не согласен с заявлениями некоторых аналитиков, которые связывают эту цепочку терактов с чьими-то намерениями ввести чрезвычайное положение в России и отменить выборы в Государственную думу», — заявил бывший министр внутренних дел России Куликов в интервью «Независимой газете» 11 сентября.

Ни к президентским выборам, ни к введению чрезвычайного положения в России чеченцы отношения иметь не могли. В 1996 году за отмену выборов выступала группировка Коржакова—Барсукова—Сосковца и стоящие за ними спецслужбы. Кто же пытался спровоцировать введение чрезвычайного положения в 1999-м?

Министр обороны Игорь Сергеев не исключал, что в Москве могут появиться военные патрули. «Наряду с силами МВД в патрулировании города могут принять участие военные», — заявил он журналистам после встречи в Кремле с Борисом Ельциным. Перед военными «поставлена задача» принять участие в защите граждан от террористической деятельности, сообщил министр. Игорь Сергеев сказал, что по линии ГРУ «ведется очень активная работа» по установлению возможных контактов организаторов взрывов в российских городах с международными террористами (намек на иностранных диверсантов!).

Защита военными мирных граждан от террористов походила на введение военного положения. Одновременно Игорь Сергеев выступил «за проведение широкомасштабных антитеррористических акций и антитеррористических операций». Иными словами, министр обороны России призывал к войне с неназванным противником, хотя каждому было ясно, что призывают к войне с Чечней.

Окончательное решение по всем вопросам оставалось за Ельциным. Однако спецслужбы имели практически неограниченные возможности для подтасовки или фальсификации информации, подаваемой президенту. Это подтвердил в интервью 12 ноября 1999 года, в части, касающейся чеченской проблемы, президент Грузии, бывший руководитель КГБ Грузинской ССР Эдуард Шеварднадзе:

«Обычно ссылаются, что есть такие данные у ГРУ. Я знаю, какими данными ГРУ исторически пользовалось, как они сочиняются, как они докладываются вначале генштабу, потом министру обороны, потом Верховному главнокомандующему. Я знаю, что есть большие фальсификации».

Иначе сформулировал свои сомнения еще один осведомленный человек, кандидат в президенты на выборах 2000 года, бывший премьер-министр, бывший министр иностранных дел и бывший руководитель СВР Евгений Примаков. Когда его попросили прокомментировать теракты в Москве, он высказал мнение, что взрывами в Москве дело не ограничится; что они могут прогреметь по всей России; и одной из причин сложившейся ситуации является связь людей из правоохранительных органов с преступным миром.

Таким образом, Примаков признал, что взрывами в России занимаются люди, связанные со спецслужбами. Это же подтвердил президент Грузии Эдуард Шеварднадзе во время выступления по национальному телевидению 15 ноября 1999 года: «Я еще на встрече в Кишиневе информировал Бориса Ельцина о том, что его спецслужбы контактируют с чеченскими террористами. Но Россия не слушает друзей». Дипломатическая этика не допускала более резкого заявления.

Между тем очевидно, что Шеварднадзе подозревал в организации взрывов именно российские спецслужбы. Дело в том, что по имевшейся информации спецслужбы России были причастны к двум покушениям на самого Шеварднадзе.

Чтобы не быть голословными, приведем мнение бывшего директора Национальной службы безопасности США, генерал-лейтенанта в отставке Вильяма Одома, высказанное им в октябре 1999 года:

> «Премьер-министр Путин и его окружение из числа военных используют эту чеченскую кампанию для того, чтобы оказать жесткое давление на Шеварднадзе. Они уже сделали попытку расчленить Грузию, отобрав у нее Абхазию и Южную Осетию. Сейчас они хотят использовать чеченские события для того, чтобы разместить там войска, противником чего выступает нынешний президент Грузии. Российское правительство, начиная со времени правления Примакова, предприняло по крайней мере две попытки совершить покушение на Шеварднадзе. Руководство Грузии предоставило правительствам ряда зарубежных стран убедительные доказательства. Примаков лично был вовлечен в это. Он использовал агентуру российской внешней разведки в Белоруссии и с его ведома было совершено покушение в мае на Шеварднадзе и на некоторых лиц из его окружения. В нашем распоряжении есть пленки с записями разговоров, которые сделали сами киллеры, которые исполняли покушение. И за год до этого первая попытка убить Шеварднадзе была совершена отнюдь не любителями, а настоящими профессионалами, хорошо подготовленными военными группами. Они могли быть подготовлены только в России. Кроме того, есть масса вещественных доказательств, собранных на месте преступления, которые все это подтверждают».

То, что постеснялся сказать о взрывах в Москве Шеварднадзе, заявил Лебедь. На вопрос французской газеты «Фигаро»: «Вы хотите сказать, что за взрывами стоит действующая власть?» — Лебедь ответил: «В этом я почти убежден». Лебедь указал, что за взрывами жилых домов в Москве и Волгодонске видны не чеченские террористы, а «рука власти», точнее, Кремля и президента, который «по шею в г....», полностью изолирован и вместе с «семьей» ставит перед собой «лишь одну цель — дестабилизировать положение с тем, чтобы избежать выборов».

14 сентября ФСБ и МВД сделали то самое заявления, ради которого производились взрывы: правоохранительные органы не сомневаются, что серия взрывов от Буйнакска до дома на Каширском шоссе в Москве является «широкомасштабной террористической операцией, инициированной боевиками Басаева и Хаттаба в поддержку своих военных действий в Дагестане», — сообщил Зданович. «Сейчас мы без всякого сомнения можем заявить, что за этими взрывами стоят Басаев и Хаттаб», — подтвердил заместитель министра внутренних дел России Игорь Зубов.

Утверждения Здановича и Зубова не соответствовали действительности. Днем позже начальник ГУБОП МВД России Владимир Козлов сообщил, что «установлен ряд лиц, причастных к этим терактам», и что речь идет о группе террористов, имеющих связи в столице и в соседних с Москвою регионах и городах. Ни Чечню, ни даже Дагестан Козлов не упоминал. Зданович и Зубов занимались откровенной дезинформацией.

Выводы ФСБ не звучали убедительно, а действия силовых ведомств по поимке преступников выглядели анекдотично. В обстановке античеченской истерии в Москве, через несколько дней после второго взрыва, сотрудники ФСБ и ГУБОП задержали двоих подозреваемых в исполнении московских терактов, причем их имена без опасения повредить следствию были сразу же публично названы: уроженцы Грозного 32-летний Тимур Дахкильгов и его тесть, 40-летний Бекмарс Саунтиев.

Тимур Дахкильгов, ингуш, родился и жил в Чечне, в грозненском районе Трампарк. Перебрался в Москву. Был красильщиком на комбинате «Красный суконщик». 10 сентября, сразу после теракта на улице Гурьянова, к Дахкильговым заехал Саунтиев, сказал, что всем нужно ехать в отделение милиции Северное Бутово на перерегистрацию.

В милиции Тимура Дахкильгова и его жену Лиду сфотографировали, сняли отпечатки пальцев, сделали смывы с ладоней и отпустили. Вскоре после второго взрыва к Дахкильговым и к Саунтиеву нагрянули оперативники, сказали, что у Тимура Дахкильгова на руках следы гексогена (он ведь красильщик!) и арестовали. У Саунтиева гексогена на руках не было, поэтому у него под ванной нашли пистолет, а на дверной ручке его квартиры, правда снаружи, т. е. на лестничной клетке, — следы гексогена.

Подозреваемых допрашивали трое суток. Саунтиева затем отпустили, забыв о найденном у него пистолете. Тимура Дахкильгова отвезли на Петровку, 38 и обвинили в хранении взрывчатки и в терроризме. Все это время его показывали по телевидению как пойманного преступника, а Рушайло даже доложил о поимке террориста в Совете Федерации.

По словам Дахкильгова, с ним работали трое следователей, которые ему не представлялись и даже по имени друг друга не называли. Про себя подследственный называл их Пожилым, Рыжим и Вежливым. Последний получил свое прозвище за то, что ни разу Дахкильгова не ударил. Так продолжалось три дня, после чего Дахкильгова перевели в СИЗО ФСБ Лефортово.

ФСБ было крайне важно продержать Дахкильгова в тюрьме как можно дольше, поскольку ингуш Дахкильгов был единственным основанием для версии о «чеченском следе». Началась внутрикамерная разработка Дахкильгова, о которой последний, разумеется, не знал. В камеру посадили агентавнутрикамерника, представившегося «авторитетным» уголовником. Агент расположил к себе ингуша, и тот рассказал об обстоятельствах своего дела и о том, что ко взрывам отношения не имеет. А еще через какое-то время Дахильгова отпустили. Экспертиза смыва с его ладоней подтвердила присутствие гексана — растворителя, который используется на комбинате для очистки шерсти. Гексогена на руках не было. «Чеченский след» был потерян. Но война с Чечней уже шла полным ходом, так что Дахильгов в тюрьме отсидел со смыслом.

Когда 16 марта 2000 года руководство ФСБ отчитывалось перед общественностью о ходе расследования сентябрьских взрывов, один из журналистов задал вопрос заместителю начальника Следственного управления ФСБ Николаю Георгиевичу Сапожкову: «Скажите пожалуйста, почему Тимур Дахильгов три месяца просидел в тюрьме как террорист?» То, что ответил Сапожков, уже несколько месяцев занимавшийся расследованием терактов в составе группы из многих десятков следователей, повергло журналистов в уныние, так как стало ясно, что следствие идет по ложному следу:

«Могу пояснить. На него были прямые показания тех лиц, которые привезли сахар и взрывчатку в Москву...

— То есть, они называли его фамилию?

— Нет они его... Имеются в виду прямые показания — они его опознавали в лицо как человека, который участвовал в разгрузке вот этих мешков. Значит, впоследствии, когда мы более тщательно... Ну вы знаете, что там гексоген на руках и, значит, другие детали, которые однозначно тогда давали основание для работы с ним как с подозреваемым. Впоследствии мы очень тщательно поработали в направлении Дахкильгова. Пришлось перепроверить еще раз, предъявить для опознания уже в спокойной обстановке. И мы убедились, что те признаки, по которым его опознавали, они для лиц славянской национальности, опознающих так называемых кавказцев, когда дали такие вот сомнения для тех, кто давал показания на него, и мы путем тщательного исследования, установления его алиби, пришли к выводу о том, что к этому преступлению он не причастен. Дело было рассмотрено с участием сотрудников генеральной прокуратуры. Они согласились с нашими доводами».

Мы вынуждены извиниться перед читателями за русский язык Сапожкова. Планировал Сапожков сказать следующее: когда следователи арестовали Дахкильгова и стали «предъявлять» его жителям домов, чтобы они определили, не он ли закладывал мешки со взрывчаткой и таймеры с детонаторами, жители, для которых все кавказцы на одно лицо, признали в нем человека, причастного к терактам. С Дахкильговым «тщательно поработали» (мы знаем, что его допрашивали, били, пытали, надевали полиэтиленовые мешки на голову, душили, проводили внутрикамерную разработку). Но главное — тянули время. Через три месяца Дахкильгов был уже никому не нужен, и по согласованию с генпрокуратурой его отпустили, а дело против него закрыли.

Итак, Дахкильгов сидел по двум причинам. Во-первых, толпа опознала в нем злоумышленника, во-вторых, на руках его нашли гексоген. Однако со взрывчатым веществом у ФСБ не все обстояло благополучно. Вскоре после взрывов в СМИ стали появляться материалы о том, что «версия с гексогеном, по словам ФСБ, отвлекающая. На самом деле во всех взрывах террористы использовали другое взрывчатое вещество». Западные обозреватели указывали, что обломки домов в Москве разобрали и вывезли с молниеносной для России скоростью — за трое суток. Подозрительным иностранцам казалось, что если в России работают столь усердно, то непременно заметают следы. «Отвлекающей» версия ФСБ была в отношении общественности. Террористы хорошо знали, какое взрывчатое вещество они использовали, и скрывать от них компоненты взрывчатки не имело смысла.

В качестве взрывчатого вещества во время сентябрьских взрывов использовался гексоген, который в России производили на закрытых военных предприятиях. «Гексоген тщательно охраняется, а его использование тщательно контролируется», — подтвердили в сентябре 1999 года на российском научно-производственном предприятии «Регион», где работали с гексогеном. Там были убеждены, что утечка гексогена с так называемых номерных оборонных заводов практически невозможна.

Поскольку гексоген террористами использовался в больших количествах, легко можно было установить, кто именно закупил или получил гексоген, тем более что специалисты всегда могли определить, где именно изготовлена та или иная партия. Украсть десятки тонн гексогена незаметно было невозможно. Тысячи тонн смеси ТГ (тротил-гексоген) хранились на военных складах и складах оружейных заводов для последующего использования в боеголовках ракет, минах и торпедах, снарядах. Но гексоген, извлеченный из готовых боеприпасов, выглядел определенным образом, и в больших количествах извлекать его было трудно и рискованно. Приведем несколько примеров.

8 октября 1999 года одно из информационных агентств сообщило, что Главная военная прокуратура возбудила дело в отношении ряда должностных лиц центрального аппарата войск противовоздушной обороны (ПВО). По сообщению главного военного прокурора Ю. Демина, используя свое

служебное положение, путем подлога и фальсификации отчетных документов, на протяжении нескольких лет высокопоставленные военные похищали запасное имущество для различных зенитно-ракетных комплексов, которое реализовывали коммерческим фирмам и частным предпринимателям. Только по некоторым эпизодам преступной деятельности этой группы государству был причинен ущерб на общую сумму более двух миллионов долларов. Легко можно представить себе, какие «коммерческие структуры и частные предприниматели» покупали ворованные запчасти для зенитно-ракетных комплексов. И совершенно очевидно, что без участия ФСБ и ГРУ несколько лет разворовывать средства ПВО было невозможно.

28 сентября 1999 года сотрудники Рязанского управления по борьбе с организованной преступностью (УБОП) арестовали начальника мастерской по ремонту автомобильной техники склада авиационных средств поражения 35-летнего прапорщика Вячеслава Корнева, служившего на военном аэродроме в Дягилеве, где базировались бомбардировщики. Во время задержания при нем были обнаружены 11 кг тротила. Корнев признался, что тротил похищен с воинского склада и что группа сотрудников, в которую входил Корнев, добывала его из хранившихся на складе под открытым небом фугасных бомб ФАБ-300.

В тот же день военный суд Рязанского гарнизона огласил приговор начальнику полевого расходного склада Рязанского института ВДВ прапорщику А. Ашарину, похитившему свыше трех килограммов тротила и намеревавшемуся сбыть его за три тысячи долларов. Хотя соответствующая статья УК РФ предусматривала наказание сроком от 3-х до 7-и лет, военнослужащего оштрафовали на 20 тысяч рублей.

Таким образом, воровать тротил-гексоген мелкими порциями было сложно. Вывозить крупными — легко, но имея на то соответствующие разрешения, а значит — непременно оставляя следы. Эти следы могли привести в ФСБ. Многие представители российского военно-промышленного комплекса утверждали после взрывов, что такое количество взрывчатых веществ могло быть похищено только при участии высокопоставленных должностных лиц. 15 сентября начальник Главного управления по борьбе с организованной преступностью (ГУБОП) МВД Владимир Козлов подтвердил, что при взрыве на улице Гурьянова использовалась не пиротехническая смесь кустарного производства, а промышленная взрывчатка.

Чтобы сбить со следа пронырливых журналистов и добросовестных сотрудников угрозыска, ФСБ подбросила в СМИ сообщение о гексогене как «отвлекающей версии»: на самом деле, мол, взрывчатым веществом была аммиачная селитра. Дело в том, что аммиачная селитра, являющаяся удобрением, могла закупаться, перевозиться и складироваться открыто. Она обладала хорошим фугасным эффектом и с добавлением в нее гексогена, тротила или алюминиевой пудры становилась мощной взрывчаткой. Правда, детонатор к ней требовался сложный, не каждый террорист с таким детонатором умеет работать.

Почему же первоначально было объявлено о гексогене? Да потому что взрывали дома одни сотрудники ФСБ, экспертизу взрывчатки (совместно с угрозыском) проводили другие, а пропагандистское (или, как сейчас говорят, — пиарное) освещение терактов осуществляли третьи. Первая группа успешно (за исключением Рязани) провела теракты. Вторая легко определила, что взрывали гексогеном. А третья спохватилась, что гексоген производят в России на закрытых военных предприятиях и установить, кто именно и когда купил тот самый гексоген, которым взорвали дома, не стоит ничего. Тут началась паника. За три дня вывезли все вещественные доказательства (взорванные дома), срочно забросили в СМИ

161

версию об аммиачной селитре. 16 марта 2000 года первый заместитель начальника второго департамента (по защите конституционного строя и борьбе с терроризмом — Управление «К») и Оперативно-розыскного управления ФСБ Александр Дмитриевич Шагако заявил на пресс-конференции, что взрывчатое вещество, используемое в абсолютно всех взрывах в России, определено, и это вещество — селитра:

«Мне хочется отметить, что в результате проведенных криминалистических исследований специалистами ФСБ России получены подтверждения того, что составы взрывчатых веществ, примененных в Москве, и составы взрывчатых веществ, которые были обнаружены в подвальном помещении дома по улице Борисовские пруды в Москве, а также составы взрывчатых веществ, которые были обнаружены в городе Буйнакске 4 сентября в автомобиле ЗИЛ-130, невзорвавшемся, они идентичны, т. е. в состав этих всех веществ входит аммиачная селитра, алюминиевая пудра, в отдельных случаях есть добавки гексогена и в отдельных случаях есть добавки тротила».

Оставалось только определить, откуда селитра взялась в Москве и других городах России. С этой задачей Шагако и присутствовавший на пресс-конференции Зданович успешно справились. «Были ли хищения этой взрывчатки с государственных заводов, где она производится по определенным технологиям? — задал себе вопрос Зданович и сам же ответил: — Сразу могу сказать — не было, или по крайней мере у нас таких данных в распоряжении следствия нет».

Установить производителя и покупателей-злоумышленников по селитре невозможно. Слишком много ее по всей стране, в том числе и в Чечне. Небольшие количества тротила, гексогена и алюминиевой пудры мог украсть кто угодно с любого военного склада (о чем с подачи ФСБ и Главной военной прокуратуры было организовано несколько публикаций в СМИ). Дезинформируя общественное мнение по вопросу о составе взрывчатого вещества, ФСБ отводила от себя подозрения в организации и исполнении терактов. Все, что нужно было теперь сделать, это найти на территории Чечни склад химических удобрений. Оказалось, что и это уже сделано, и очень удачно, что успели завершить расследование за несколько дней до президентских выборов:

«Мне хотелось бы еще при этом обратить ваше внимание на то, — сообщил Шагако, — что два месяца тому назад сотрудниками Федеральной службы безопасности в Урус-Мартане был обнаружен центр по подготовке подрывников. На территории этого центра было обнаружено пять тонн аммиачной селитры. Здесь же были обнаружены исполнительные механизмы, аналогичные тем механизмам, которые использовались в вышеперечисленных мной взрывах. […] Исполнительные механизмы, обнаруженные в автомобиле ЗИЛ-130 в городе Буйнакске, а также исполнительные механизмы, обнаруженные в подвальном помещении в городе Москве по улице Борисовские пруды, в ходе криминалистического исследования доказана их идентичность. Во всех этих исполнительных механизмах использовались в виде замедлителя электронные часы, типа «Касио». Во всех этих исполнительных механизмах использовались светодиоды одинаковой конструкции, электронные платы, даже цвета проводов, которые использовались для пайки, — они имеют один цвет во всех механизмах. Я хочу ваше внимание при этом обратить на то, что несколько дней тому назад сотрудниками Федеральной службы безопасности на территории Чеченской республики были обнаружены в вещах погибших боевиков, которые прорывались из окружения из города Грозного, было обнаружено несколько исполнительных механизмов. Проведенные исследования специалистами Федеральной службы безопасности показали, что исполнительные механизмы, изъятые в Грозном, исполнительные механизмы, изъятые в автомобиле ЗИЛ-130 в Буйнакске, и исполнительные механизмы, изъятые на Борисовских прудах в городе Москве, — они все являются одной конструкции. Они все между собой идентичны. [...] В марте месяце в населенном пункте Дуба-Юрт было обнаружено отдельно стоящее здание, в котором была найдена литература по минно-подрывному делу на арабском языке, инструкции по военной подготовке, и кроме этого в этом же помещении были найдены инструкции по использованию часов «Касио». Данные часы, как я ранее вам говорил, — они активно использовались преступниками во всех вышеперечисленных взрывах. В марте месяце на территории населенного пункта Чири-Юрт было обнаружено отдельно стоящее здание, обнесенное железным забором, внутри которого выяснено и выявлено и обнаружено 50 мешков с аммиачной селитрой, это где-то порядка двух с половиной тонн».

Если бы террористы действительно использовали аммиачную селитру, следователи РУОПа не искали бы гексоген на руках Дахкильгова и Саунтиева, а сосредоточились бы на селитре. Гексоген на руках арестованных милиция искала именно потому, что экспертиза в Москве выдала следствию официальное заключение: при взрыве домов использовался гексоген. Никакие позднейшие экспертизы не могли быть более точными, в том числе повторные экспертизы, проводившиеся затем следственными органами ФСБ и обнародованные в марте 2000 года. Наоборот, есть все основания считать, что в марте 2000 года, за несколько дней до президентских выборов, ФСБ занималась намеренной дезинформацией.

13 сентября 1999 года Лужковым в Москве были подписаны три нормативных документа, противоречащих Конституции и законам РФ. По первому акту в Москве была объявлена перерегистрация беженцев и переселенцев. Второй документ требовал выселения из столицы людей, нарушивших

административные правила регистрации. Третий — прекращал регистрацию в Москве беженцев и переселенцев. В тот же день губернатор Подмосковья Анатолий Тяжлов подписал распоряжение о задержании лиц, не имеющих прописки в Москве или области. Чеченцев, конечно же, нормативные документы не упоминали. Кавказцев — тоже.

С 15 сентября в Москве началось совместное патрулирование милиции и военных, а по всей территории России начали проводить с привлечением внутренних войск антитеррористическую операцию «Вихрь-Антитеррор». Москвичи тогда еще не знали, что волна террора в столице на этом закончилась. Настала очередь провинции. Ранним утром 16 сентября был произведен подрыв жилого многоквартирного дома в Ростовской области, в Волгодонске. Семнадцать человек погибли.

На внеочередном заседании Совета Федерации, проходившем в закрытом режиме 17 сентября с участием главы правительства и силовых министров, СФ одобрил предложения о создании «советов гражданской безопасности» в российских регионах. Председатель СФ Егор Строев отметил, что сенаторы намерены «дать политическую оценку событий и предложить ряд конкретных экономических и социальных мер в зоне конфликта, в том числе в поддержку мирного населения и армии». Спикер отметил, что взрыв в Волгодонске «усилил настрой сенаторов на необходимость более решительных и жестких действий для борьбы с терроризмом». Строев не обвинял в организации терактов чеченцев, но очевидным образом связывал «зону конфликта» в Дагестане и «борьбу с терроризмом».

На заседании с докладом выступил председатель правительства России Владимир Путин. В качестве «мер по защите от терроризма» он предложил установить «санитарный кордон» по периметру всей российско-чеченской границы, а также активизировать авиабомбардировки и артиллерийские обстрелы территории Чечни. Таким образом, Путин объявил Чеченскую республику ответственной за теракты и призвал к началу военных действий против Чечни.

По окончании заседания Путин заявил, что члены СФ поддержали действия правительства «самого жесткого характера» для урегулирования ситуации на Северном Кавказе, в том числе и «предложение о введении карантина вокруг Чечни». Отвечая на вопросы журналистов, Путин подчеркнул, что превентивные удары по базам бандитов в Чечне «наносились и будут наноситься», но что вопрос о возможности введения войск на территорию Чеченской республики на заседании СФ не обсуждался.

Путин подчеркнул, что «бандиты должны быть уничтожены — здесь не может быть никаких других действий». Под бандитами Путин подразумевал чеченскую армию, а не террористов. Иными словами, правительство остановилось на одной единственной версии взрывов: чеченской, причем готово было использовать взрывы как повод к войне.

Руководители северо-кавказских регионов понимали, что Россия затевает новую войну против Чеченской республики. 20 сентября на встрече в Ингушетии, в Магасе, А. Масхадова, А. Дзасохова и Р. Аушева президенты Ингушетии и Северной Осетии поддержали идею Масхадова о необходимости переговоров между Масхадовым и Ельциным. Кроме того Дзасохов и Аушев намеревались организовать встречу президента Чечни с премьер-министром Путиным в Нальчике или Пятигорске не позднее конца сентября 1999 года. На встрече должны были присутствовать все северо-кавказские лидеры.

Понятно, что политические переговоры могли предотвратить войну и пролить свет на произошедшие в России теракты. Именно поэтому ФСБ сделала все от нее зависящее, чтобы встреча руководителей северо-кавказских регионов не состоялась. До конца сентября предполагалось взорвать жилые здания в Рязани, Туле, Пскове и Самаре.

Как всегда, когда готовился большой теракт, в котором принимали участие группы террористов, произошла утечка информации. «По нашим данным, именно Рязань была намечена террористами для следующего взрыва. Из-за Рязанского училища ВДВ», — рассказывал глава администрации Рязани Маматов. Этим «следующим взрывом» должен был быть предотвращенный вечером 22 сентября взрыв дома на улице Новоселов.

23 сентября Зданович сообщил, что ФСБ установила всех участников терактов в Буйнакске, Москве и Волгодонске. «Ни одного этнического чеченца среди них нет». Ни одного. После этого, разумеется, последовало извинение генерала ФСБ перед чеченским народом и чеченской диаспорой в России... Нет, конечно. После этого Зданович стал с упорством двоечника искать «чеченский след». И нужно отдать ему должное, Зданович «чеченский след» нашел. Он не исключил, что после осуществления взрывов террористы, готовившие свои акции с середины августа, имели пути отхода. Возможно, они скрылись в странах СНГ, но наиболее вероятно, что они ушли в Чечню. В общем, чеченцев бомбили из-за того, что, по мнению Здановича, туда вероятно ушли террористы (среди которых этнических чеченцев не было). Но почему же тогда не бомбили страны СНГ?

«Мы имеем определенные источники информации на территории Чечни и знаем, что там происходит», — подчеркнул Зданович. С 1991 по 1994 годы ФСК фактически не вела оперативную работу на территории этой республики, но затем «мы определенную работу проделали». Мы знаем о тех людях, которые разрабатывают террористические операции, осуществляют финансовые вливания, вербуют наемников, готовят взрывчатку. Сегодня в стране легко получить информацию об изготовлении взрывного устройства, и кроме этого есть множество людей, повоевавших в горячих точках, которые имеют необходимые знания и навыки. Многие из них воевали в Карабахе, Таджикистане и Чечне. Это не означает, что кто-либо обвиняет население Чечни или Аслана Масхадова. «Мы обвиняем конкретных преступников, террористов, которые находятся на территории Чечни. Вот откуда появилось название «чеченский след», — закончил Зданович, так и не назвавший ни одного «конкретного» преступника.

Использовать «вероятный» отход террористов в Чечню как повод дня начала войны против чеченского народа, признавая при этом, что взрывы проведены не чеченцами, — верх цинизма. Если из-за этого «вероятно» правительство Путина сочло возможным начать вторую чеченскую войну, нужно понимать, что взрывы были только предлогом, а война — давно спланированной в генштабе операцией. Определенный свет на этот вопрос пролил в январе 2000 года Степашин, сообщивший, что политическое «решение о вторжении в Чечню было принято еще в марте 1999 года»; что интервенция была «запланирована» на «август-сентябрь» и что «это произошло бы, даже если бы не было взрывов в Москве». «Я готовился к активной интервенции, — рассказывал Степашин. — Мы планировали оказаться к северу от Терека в августе-сентябре» 1999 года. Путин, «бывший в то время директором ФСБ, обладал этой информацией».

Показания бывшего руководителя ФСК и бывшего премьер-министра Степашина расходятся с показаниями бывшего руководителя ФСБ и бывшего премьер-министра Путина:

> «Летом прошлого года мы начали борьбу не против самостоятельности Чечни, а против агрессивных устремлений, которые начали нарождаться на этой территории. Мы не нападаем. Мы защищаемся. И мы их

выбили из Дагестана. […] А когда дали им серьезно по зубам, они взорвали дома в Москве, в Буйнакске, в Волгодонске.

Вопрос: Решение продолжить операцию в Чечне вы принимали до взрывов домов или после?

Ответ: После.

Вопрос: Вы знаете, что есть версия о том, что дома взрывались не случайно, а чтобы оправдать начало военных действий в Чечне? То есть это якобы делали российские спецслужбы?

Ответ: Что?! Взрывали свои собственные дома? Ну, знаете… Чушь! Бред собачий. Нет в российских спецслужбах людей, которые были бы способны на такое преступление против своего народа. Даже предположение об этом аморально и по сути своей не что иное, как элемент информационной войны против России».

Когда-нибудь, когда откроются архивы министерства обороны, мы увидим эти военные документы: карты, планы, директивы, приказы по войскам о нанесении воздушных ударов и о развертывании сухопутных сил. Там будут стоять даты. Мы окончательно определим, насколько спонтанным было решение российского правительства начать сухопутные операции в Чечне и не оказалось ли, что генштаб закончил разработку военных действий до первого сентябрьского взрыва. Мы зададимся вопросом, почему взрывы происходили до предвыборной кампании и до вторжения в Чечню (когда это было невыгодно чеченцам) и прекратились после избрания Путина президентом и начала полномасштабной войны с Чеченской республикой (когда чеченцы как раз и должны были начинать мстить захватчикам). Но на эти вопросы, а их очень много, исчерпывающие ответы мы сможем получить только после смены власти в России.

Глава 7

ФСБ против народа

> *Освещение некоторыми средствами массовой информации конкретных террористических акций несёт в себе порой не менее опасный потенциал, чем сами террористы. В этой связи интересам обеспечения безопасности общества отвечает продуктивное взаимодействие средств массовой информации с властями, в том числе и правоохранительными органами.*
>
> Н. П. Патрушев
> Из речи на международной научно-практической конференции «Международный терроризм: истоки и противодействие». Санкт-Петербург, 18 апреля 2001 г.

Итак, террористы не определены, точнее, определены как не чеченцы. Несостоявшийся взрыв в Рязани даёт все основания полагать, что за взрывами стоит ФСБ. Для «партии войны» это сигнал к тому, что большую войну в Чечне нужно начинать немедленно. Не случайно именно на 24 сентября, как если бы взрыв в Рязани состоялся, было назначено жесткое выступление Путина и всех силовых министров.

24 сентября, как в хорошо спланированном спектакле, российские политики начинают дружно требовать войны. Патрушев сообщает, что террористы, осуществившие взрывы жилых домов в Москве, в настоящее время находятся в Чечне. Мы знаем, что это ложь. Источники информации Патрушев не указывает, так как их нет. Доказательств не приводит. Его пресс-секретарь Зданович говорил лишь о возможном или вероятном отходе террористов в Чечню (или в страны СНГ). Но Патрушеву нужно начинать войну, и он утверждает, что Чечня превратилась в рассадник терроризма.

Рушайло указывает, что оргпреступность, в том числе и зарубежная, опираясь на чеченский плацдарм, развернула «широкомасштабную подрывную деятельность против России. […] Правоохранительные органы и вооруженные силы обладают достаточным потенциалом для защиты интересов России на Северном Кавказе. […] Федеральные силы готовы к проведению силовых операций». Иными словами, МВД собирается воевать с Чечней в рамках борьбы с организованной преступностью, в том числе и с международными ОПГ. Можно подумать, что на всей остальной территории России с преступностью обстоит благополучно.

О ситуации на Северном Кавказе и возможных последствиях для России в интервью газете «Сегодня» рассказывает председатель комитета СФ по безопасности и обороне Александр Рябов. По его мнению, происходит геополитический передел мира под прикрытием мусульманских лозунгов. Для врагов России главное — создать в «мягком подбрюшье» России слабую зону. Это уже похоже на заговор Сионских мудрецов, только мусульманских. «Геополитический передел мира» — это серьезно. Тут без большой войны никак не обойтись.

Газета «Век» публикует интервью вице-президента коллегии военных экспертов Александра Владимирова, который считает, что лучший выход сейчас — это маленькая победоносная война в Чечне. По его мнению, санитарный кордон вокруг Чечни, предлагаемый Путиным, — хорошо, но это должно быть только первым шагом, так как кордон ради кордона — занятие бессмысленное. (Точку зрения Владимирова, безусловно, приняли во внимание и начали сразу со второго шага — полномасштабной войны.)

Последний решающий голос за войну был подан находящимся в Астане премьер-министром Путиным:

> «Российское государство не намерено спускать ситуацию на тормозах. [...] Происходившие в последнее время неспровоцированные нападения на сопредельные с Чечней территории, варварские акции, приведшие к человеческим жертвам среди мирного населения, поставили террористов не только вне рамок закона, но и вне рамок человеческого общества и современной цивилизации». Авиаудары наносятся «исключительно по базам боевиков, и это будет продолжаться, где бы террористы ни находились. [...] Мы будем преследовать террористов всюду. Если, пардон, в туалете поймаем, то и в сортире их замочим».

Настроение в обществе в те дни лучше всего характеризовал тот факт, что после крылатой фразы «в сортире замочим» рейтинг Путина вырос. Пропагандистская кампания сторонников войны достигала желаемого результата. Согласно опросу, проведенному Всероссийским центральным институтом общественного мнения (ВЦИОМ), почти половина россиян была убеждена в том, что взрывы в российских городах осуществляли боевики Басаева, еще треть винила в этом ваххабитов во главе с Хаттабом. 88% процентов опрошенных опасались стать жертвой теракта. 64% согласны были с тем, что всех чеченцев следует выслать из страны. Такой же процент высказался за массированные бомбардировки Чечни.

Взрывы домов переломили общественное мнение. Маленькая победоносная война казалась естественным и единственным способом борьбы с терроризмом. То, что террористы не чеченцы, а война не будет маленькой и победоносной, одураченная страна еще не знала.

Обратим внимание на вопиющее отсутствие логики. Чеченское руководство отрицает свою причастность к терактам. Зданович подтверждает, что чеченцев среди исполнителей теракта нет. Чечню пока что начинают бомбить. Масхадов заявляет о готовности вести переговоры, но его не слышат. ФСБ важно втянуть Россию в войну как можно скорее, чтобы выборы президента России происходили на фоне большой войны и чтобы новый президент, пришедший к власти, получил в наследство войну вместе с теми политическими последствиями, которые она в себе несет: опору президента на силовые структуры. Только через войну власть в стране окончательно может захватить ФСБ. Речь идет о банальном заговоре с целью захвата власти бывшим КГБ под флагом борьбы с чеченским терроризмом.

4 октября переворот завершился победой заговорщиков: в этот день российские войска перешли границу Чечни. Большинство населения поддержало решение бывшего руководителя ФСБ премьер-министра Путина, директора ФСБ Патрушева и генерала ФСБ главы СБ Сергея Иванова.

В это непростое для российской политической элиты время определились те, кто выступил категорически против войны. «Новую газету» следует назвать одной из самых принципиальных противников войны с Чеченской республикой:

«Подполковник КГБ с блатной лексикой, чудом оказавшийся во главе великой страны, спешит воспользоваться произведенным эффектом. Любой военачальник или политик, планирующий военную операцию, всегда стремится уменьшить количество своих врагов и увеличить количество союзников. Путин сознательно бомбит Грозный, чтобы сделать невозможным переговоры с Масхадовым, чтобы в кровавой бойне похоронить все предыдущие преступления режима. Уходящий режим стремится готовящимся преступлением — геноцидом чеченского народа — повязать кровью весь русский народ, сделать его своим сообщником и заложником. Еще не поздно остановиться на пути к гибели России».

Поздно, было уже поздно.

Константин Титов, губернатор Самарской области, считал, что наземная операция в Чечне — для России катастрофа. «Я вообще не верю в чисто силовые методы решения глобальных проблем. И в Самаре никогда не допущу таких этнических чисток, как в Москве». (Константин Титов, разумеется, не знал, что для взрыва жилого дома в Самаре, на улице Ново-Вокзальной, в те дни все было готово, но после провала в Рязани ФСБ приостановила теракты.)

Настроение обеспокоенной части демократического общества описал в те дни известный российский адвокат Анатолий Кучерена:

«КОГДА ГРОХОЧУТ ПУШКИ,
ПРОКУРОРЫ МОЛЧАТ

Ярчайшая иллюстрация — „учения", проведенные ФСБ в Рязани. Эта акция свидетельствует о глубочайшей деградации, в первую очередь нравственной, отечественных спецслужб. Спецслужбы по-прежнему мнят себя „государством в государстве". Их руководителям, вероятно, кажется, что они не подчиняются никаким законам и действуют исключительно на основе политической целесообразности, как в те славные времена, когда органы организовывали похищения и политические убийства на территории других государств, „легендировали" несуществующие антисоветские организации, писали сценарии показательных процессов.

Многочисленные „шпионские дела" последних лет — Платона Обухова, Григория Пасько, капитана Никитина; операция „мордой в снег"; различные антиправовые акции накануне президентских выборов 1996 года, такие, как попытка „опечатать" Государственную думу; авантюра с вербовкой российских военнослужащих для штурма Грозного силами так называемой антидудаевской оппозиции в ноябре 1994 года — все это свидетельствует о том, что антиправовые тенденции в деятельности спецслужб сохраняются и по сей день.

Складывается впечатление, что и действующая власть, и так называемая оппозиция полагают, что на демократическом проекте в России можно ставить крест. Власть не способна навести порядок, основанный на Законе, не в ее силах построить правовое государство. Альтернатива правовому государству — государство бандитско-полицейское, то есть такое положение дел, когда действия террористов, бандитов, с одной стороны, и правоохранительных органов — с другой, уже не различаются ни по целям, ни по используемым методам. В обществе нарастает массовое убеждение, что демократия как форма правления себя не оправдала.

> А коль скоро с демократическим проектом ничего не вышло, у многих политических игроков возникает искушение покончить с ним раз и навсегда. Каждый из них при этом преследует свои цели, но объективно вектор их усилий совпадает. Кого-то страшит надвигающийся передел собственности, кто-то хочет уйти от ответственности за совершенные противоправные деяния, кто-то видит в себе нового Бонапарта или Пиночета и ему не терпится „порулить" железной рукой.
>
> Правление посредством демократических учреждений в очередной раз в России не удалось. Наступает время правления посредством страха. Время террора — как бандитского, так и государственного. А может быть, это и есть „политический проект" действующей власти для новой России?»

Если опасения демократической части населения сформулировал Кучерена, цели и планы заговорщиков, отстоявших вторжение в Чечню, раскрыл 8 марта 2000 года в статье «Стране нужен новый КГБ» член Государственной думы и бывший руководитель СБП Коржаков:

> «В подготовке к президентским выборам наблюдается одна принципиально важная особенность. Характеризуя кандидата номер один на высший государственный пост Владимира Путина, практически никто не высказывает неудовлетворения тем, что он выходец из спецслужб, а точнее, из недр КГБ. Лет несколько тому назад такое и представить себе было невозможно. А теперь налицо симпатии общественного мнения к политическому деятелю, начавшему свой путь в спецслужбе. Высокий рейтинг Владимира Путина свидетельствует в первую очередь о том, что в нем, выходце

из КГБ, люди видят государственного деятеля, способного навести в стране порядок, организовать работу всех властных структур таким образом, чтобы начать наконец реально выходить из общественно-политического кризиса. Выдвижение бывшего сотрудника КГБ на высший государственный пост дает мне повод еще раз привлечь внимание к некоторым моментам деятельности спецслужб и их роли в целом на современном этапе нашего экономического и политического развития.

Известные случаи со взрывами домов в Москве и других городах страны, повлекшие за собой гибель десятков мирных, ни в чем не повинных людей, продолжающийся вывоз национального богатства из страны за рубеж, процветающая махровым цветом коррупция в государственных структурах, случаи работорговли и торговли детьми — все это вызывает законное возмущение граждан страны. Люди с недоумением спрашивают: где же наши спецслужбы, которые для того и существуют, чтобы бороться с подобного рода явлениями? И сил, и необходимых спецслужб у нас достаточно: ФСБ, МВД, ГРУ, СВР, ФАПСИ — все они способны решать самые сложные задачи. Проблема в том, что спецслужбы действуют разрозненно, по принципу разжатого кулака.

В свое время нашу демократическую общественность страшно пугало существование КГБ. Тогда решили разрушить „монстра", чтобы обезопасить себя от всякого рода неожиданностей. Кое-кому казалось, что так будет легче контролировать деятельность спецслужб. Однако с контролем, как задумывалось, не получилось, и с координацией действий спецслужб дело далеко не пошло. Подтверждение тому — хрестоматийные ошибки и провалы, допущенные в борьбе с чеченскими и международными террористами. Теперь даже самым ярым противникам КГБ становится понятно, что разрушение этой структуры ничего полезного нам не дало. Не случайно Александр Солженицын заметил однажды в узком кругу, что нам не хватает КГБ.

Есть и другая реальность. Наворованные и вывезенные за рубеж наши общенародные средства никто и никогда добровольно в страну не вернет. Ни одна иностранная спецслужба никогда не упустит шанс получить у нас важные секретные сведения из научной или другой важной области, если не перекрыть ей путь к нашим секретам. Коррупция будет существовать до тех пор, пока соответствующие службы, которым положено выявлять взяточников, будут действовать разрозненно, каждая сама по себе. Казнокрадство будет продолжаться до тех пор, пока наши законы будут гуманными по отношению к любителям совать свои грабли в государственную казну.

Поддерживая кандидатуру Владимира Путина на должность президента страны, наши люди тем самым дают сигнал власти, смысл которого совершенно понятен: пора наконец собрать спецслужбы в единый кулак и ударить им по тем, кто мешает нам нормально строить свою жизнь. России нужен свой КГБ! Пора сказать об этом без стеснений! Разделяя подобное мнение, считаю, что первым шагом на пути создания нового Комитета государственной безопасности должно быть образование Координационного совета спецслужб (КСС) при Совете безопасности с непосредственным подчинением главе государства. Это позволит сформировать структуру будущего КГБ, определить его функции и задачи. В случае создания Координационного совета спецслужб уже в ближайшее время можно будет более эффективно решать проблему возврата в страну незаконно вывезенных капиталов. Говорю это с уверенностью, поскольку в свое время Служба безопасности президента начала работать в этом направлении и добилась конкретных результатов. Служба на деле доказала, что возвращать капиталы в страну не только нужно, но и можно, если заниматься этим серьезно.

Вторая первостепенная задача — борьба с терроризмом специфическими методами и средствами, исключающими применение крупных военных сил и гибель мирного населения. Никто не сомневается в том, что чеченские и международные террористы будут разбиты. Однако на этом угроза терроризма не исчезнет. Не следует забывать, что в Чечне уже выросло поколение молодых людей в условиях войны и ненависти к русским. Стремление сегодняшних чеченских мальчишек отомстить „обидчикам" любым способом будет проявляться не только на территории Чечни. Использовать армию для борьбы с локальными проявлениями терроризма больше нельзя, лимит таких возможностей исчерпан. Этим будут заниматься спецслужбы.

Третья задача — выявление фактов незаконной приватизации объектов стратегического значения, искусственного банкротства заводов, фабрик, шахт с целью захвата их в личную собственность. Практика показала, что без участия спецслужб в этой работе нам тоже не обойтись».

Кучерена считает, что беды России от бандитско-полицейского государства. Коржаков утверждает, что все несчастья —

от недостаточно твердой руки власти, так как спецслужбы действуют «по принципу разжатого кулака». Он предлагает сжать кулак, создать Координационный совет спецслужб (КСС), подчинить его секретарю СБ (генералу ФСБ Сергею Иванову). Можно предположить, что во главе этого нового органа Коржаков видит себя, подчеркивая, что возглавляемая им ранее СБП работала именно в этом направлении и добилась конкретных результатов. Иными словами, Коржаков признает, что злоупотреблял властью и превышал должностные полномочия, что по российскому законодательству считается преступлением и карается лишением свободы (в функции Коржакова входила охрана президента и членов его семьи).

Только из этого заявления становится понятно, чем на самом деле занималась все эти годы СБП во главе с Коржаковым, а затем и сам Коржаков — на правах частного гражданина со связями в силовых структурах. Назовем вещи своими именами. Оказавшись вне властных структур, отстраненные от госслужбы, Сосковец вместе с отставными генералами Коржаковым и Барсуковым с помощью ранее используемых ими ЧОПов, типа «Стелс», пытались активно внедриться в передел собственности в России с целью установления контроля над бизнесами и извлечения личных финансовых выгод. Финансирование их деятельности осуществлялось «измайловской» ОПГ. Агентурно-оперативной работой занимались различные ЧОПы. Информационно-пропагандистское прикрытие осуществлялось рядом подконтрольных или купленных СМИ. Боевое обеспечение предоставляли организованные криминальные группы и отдельные боевики из числа бывших сотрудников спецподразделений МО, ФСБ и МВД.

Возврат капитала из-за границы «по Коржакову» — на самом деле банальное вымогательство. На практике, получив через спецслужбы конфиденциальную финансовую информацию, Коржаков вызывал бизнесмена к себе, говорил, что ему известно о «вывезенных» за границу деньгах и требовал вернуть их в Россию. Однако очень важно понять, что бизнесмен возвращал деньги не на казенные счета, а на счета, указанные Коржаковым.

Коржаков раскрыл и политические цели своей структуры. Первая: подчинение всех спецслужб Службе безопасности президента (или новой структуре — КСС). Вторая: карт-бланш на карательные акции по всей стране, т. е. диктаторские полномочия. Более того, Коржаков открыто заявил, что государственной политикой России должен стать геноцид чеченского народа. Вчитаемся еще раз: «Не следует забывать, что в Чечне уже выросло поколение молодых людей в условиях войны и ненависти к русским. Стремление сегодняшних чеченских мальчишек отомстить „обидчикам" любым способом будет проявляться не только на территории Чечни». Похоже, что чеченских «мальчишек» Коржаков хочет отстреливать по всей территории России, дабы они не дорастали до возраста, когда смогут отомстить за убитых отцов и разоренную родину.

То, что обращение Коржакова «Стране нужен новый КГБ» не случайность, а тенденция, продемонстрировал в июле 2001 года кадровый сотрудник ФСБ, директор Института проблем экономической безопасности Ю. Овченко. На встрече с узким кругом журналистов он сообщил, что ряд чиновников, имеющих «выход на президента» и связанных с силовыми структурами, в том числе заместитель директора ФСБ Ю. Заостровцев, намерены кардинально изменить экономическую политику правительства и перейти «от олигархической системы к национальной». Согласно газете «Аргументы и факты», Овченко сказал буквально следующее:

«Особенно важна роль спецслужб в процессе деприватизации и розыске незаконно вывезенного капи-

> тала. Контроль над процессом смены собственников должен быть передан в систему ФСБ. [...] Функции контроля за результатами приватизации необходимо передать в Совбез, секретарем которого должен быть человек системы ФСБ. [...] Чтобы остановить дальнейшую утечку капитала, необходимо передать под реальный контроль системы Центральный банк и Государственный таможенный комитет России. [...] В состав руководства этих органов должны быть введены представители экономической безопасности, которые располагают полной информацией об уже вывезенных ресурсах и в состоянии говорить с олигархами на понятном последним языке. [...] При том, что предлагаемые мероприятия [...] будут чрезвычайно популярны среди населения, их решение потребует установления контроля государства над основными электронными медиа. Следовало бы законодательно запретить частному капиталу иметь в собственности контрольные пакеты акций метровых каналов и газет с тиражом выше 200 тыс. экз.».

На вопрос о сроках реализации плана Овченко ответил: «К концу года перемены будут. Но, возможно, и раньше, если созреют предпосылки».

Общество разделилось. Одни требовали отстроить новые спецслужбы. Другие считали, что и старые — хуже любых террористов. Однако дальше едких журналистских статей дело не шло. Адвокат Павел Астахов попытался сделать в ФСБ запрос о том, какие оперативные действия стали причиной нарушения свобод граждан Рязани, отправленных на улицу в тот холодный осенний вечер. ФСБ сослалась на закон «Об оперативно-розыскной деятельности». Получалось, что согласно этому закону ФСБ имела право проводить учения где угодно и когда угодно. И на этот закон у народа управы нет.

Между тем инцидент в Рязани не вписывался в рамки федерального законодательства и в компетенцию ФСБ. В «Федеральном законе о Федеральной службе безопасности» написано, что деятельность органов ФСБ «осуществляется в соответствии с законом РФ «Об оперативно-розыскной деятельности в Российской Федерации», уголовным и уголовно-процессуальным законодательством Российской Федерации, а также настоящим федеральным законом». Ни в одном из этих документов, равно как и в «Положении о Федеральной службе безопасности Российской Федерации», не предусматривалась возможность проведения учений. Более того, в законе «Об оперативно-розыскной деятельности», на который неоднократно ссылались руководители ФСБ, об учениях не говорилось ни слова. При этом 5-я статья закона — о «соблюдении прав и свобод человека и гражданина при осуществлении оперативно-розыскной деятельности» — предоставляла гражданам формальные гарантии того, что со стороны правоохранительных органов не будет злоупотреблений:

> «Органы (должностные лица), осуществляющие оперативно-розыскную деятельность, при проведении оперативно-розыскных мероприятий должны обеспечивать соблюдение прав человека и гражданина на неприкосновенность частной жизни, […] неприкосновенность жилища […]. Не допускается осуществление оперативно-розыскной деятельности для достижения целей и решения задач, не предусмотренных настоящим федеральным законом. Лицо, полагающее, что действия органов, осуществляющих оперативно-розыскную деятельность, привели к нарушению его прав и свобод, вправе обжаловать эти действия в вышестоящий орган, осуществляющий оперативно-розыскную деятельность, прокуратуру или суд. […] При нару-

шении органом (или должностным лицом), осуществляющим оперативно-розыскную деятельность, прав и законных интересов физических и юридических лиц вышестоящий орган, прокурор либо судья в соответствии с законодательством Российской Федерации обязаны принять меры по восстановлению этих прав и законных интересов, возмещению причиненного вреда. Нарушения настоящего Федерального закона при осуществлении оперативно-розыскной деятельности влекут ответственность, предусмотренную законодательством Российской Федерации».

Таким образом, Зданович, а вместе с ним и Патрушев, откровенно лгали, когда ссылались на российское законодательство.

Забыть рязанскую историю Путину и Патрушеву не давали до самых президентских выборов. В ночь на 4 октября 1999 года в Надтеречном районе Чечни без вести пропали три офицера ГРУ — полковник Зурико Иванов, майор Виктор Пахомов, старший лейтенант Алексей Галкин и сотрудник ГРУ, чеченец по национальности, Весами Абдулаев. Руководитель группы Зурико Иванов окончил Рязанское училище ВДВ, попал в разведку специального назначения, служил в известной еще по Афганистану 15-й бригаде спецназа, потом в Северо-Кавказском военном округе. Руководил личной охраной связанного с Москвой Доку Завгаева. Незадолго до начала второй чеченской войны Иванова перевели в центральный аппарат, в Москву. Его новая должность не предполагала рейдов по враждебным тылам, но как только начали готовить наземную операцию в Чечне, Иванов потребовался в зоне конфликта.

19 октября в Грозном руководитель пресс-центра вооруженных сил Чечни Ваха Ибрагимов от имени военного коман-

дования сообщил собравшимся журналистам, что эти офицеры ГРУ «инициативно вышли на контакт с чеченскими военными» и изъявили желание сотрудничать с чеченскими властями. Ибрагимов утверждал, что офицеры ГРУ и их агент готовы предоставить информацию об организаторах взрывов в Москве, Буйнакске и Волгодонске. Министерство обороны России назвало заявление чеченской стороны провокацией, направленной на дискредитацию внутренней политики российского руководства и действий федеральных сил на Северном Кавказе. Однако в конце декабря 1999 года ГРУ официально признало факт гибели руководителя группы Иванова: федеральным силам был передан обезглавленный труп человека и залитое кровью удостоверение личности полковника Зурико Амирановича Иванова (отрубленную голову офицера нашли позже). 24 марта 2000 года Зданович сообщил, что вся группа сотрудников ГРУ была казнена чеченцами.

6 января 2000 г. выходящая в Лондоне газета «The Independent» опубликовала статью корреспондентки Елены Вомак «Российские агенты взорвали дома в Москве»:

> «„The Independent" получила видеопленку, на которой российский офицер, захваченный чеченцами, „признается", что российские спецслужбы совершили в Москве взрывы жилых домов, которые разожгли нынешнюю войну в Чечне и привели Владимира Путина в Кремль. На пленке, отснятой турецким журналистом [Седатом Аралем] в прошлом месяце, до того, как Грозный был окончательно отрезан российскими войсками, пленный россиянин называет себя сотрудником ГРУ (Главное разведывательное управление) Алексеем Галтиным [Галкиным]. Заросший бородою пленный признает, и это подтверждается его собственными документами, демонстрируемыми чеченцами, что

он „старший лейтенант спецназа, войск специального назначения генерального штаба Российской Федерации". Министерство обороны вчера занималось проверкой того, существует ли в действительности такой офицер ГРУ. „Даже если он существует, вы понимаете, какие методы могли быть к нему применены в плену", — сказал один из младших офицеров, просивший не называть его имени.

Полковник Яков Фирсов из Министерства обороны формально заявил следующее: „Чеченские бандиты чувствуют, что им приходит конец, и в информационной войне используют любые грязные приемы. Это провокация. Это вранье. Российские вооруженные силы защищают людей. Невозможно предположить, что они воюют с собственным народом".

На видеопленке лейтенант Галтин говорит, что он был пленен на чечено-дагестанской границе, когда выполнял задание по минированию местности. „Я не принимал участия во взрывах домов в Москве и Дагестане, но у меня есть об этом информация. Я знаю, кто ответственен за взрывы в Москве (и Дагестане). За взрывы в Волгодонске и Москве ответственно ФСБ (Федеральная служба безопасности) вместе с ГРУ". После этого он назвал других офицеров ГРУ. Около трехсот человек погибло, когда четыре многоэтажных дома были взорваны террористами в сентябре. Эти теракты дали возможность господину Путину, за месяц до того ставшему премьер-министром, начать новую войну в Чечне.

Фотограф агентства новостей ISF Седат Арал сказал, что он отснял эту видеопленку в бункере в городе Грозном, где он встретился с руководителем чеченской службы безопасности Абу Мовсаевым. Господин Мовсаев сказал, что чеченцы могут доказать, что не причастны к взрывам многоквартирных домов.

Российская общественность поддерживает „антитеррористическую кампанию" в Чечне, которая настолько резко подняла популярность ее автора господина Путина, что Борис Ельцин досрочно ушел в отставку, чтобы уступить место избранному им преемнику. Война началась к явной выгоде господина Путина. Бывший руководитель Службы безопасности России теперь готов реализовывать свои президентские амбиции».

Обозреватель Би-би-си Хэзлетт, комментируя статью, утверждал, что гипотеза заговора спецслужб существовала с тех самых пор, как произошли взрывы, поскольку ФСБ могла подложить бомбы, чтобы оправдать военную операцию в Чечне. В этой связи Хэзлетт отметил, что власти до сих пор не представили убедительных доказательств причастности чеченцев к взрывам, а Шамиль Басаев — один из тех, кого обвиняют в этих злодеяниях, — категорически отрицал свое к ним отношение. Хэзлетт полагал, что в преддверии президентских выборов репутация Путина может сильно пострадать из-за скандала с видеозаписью показаний Галкина, поскольку популярность Путина — до недавнего времени малоизвестного офицера ФСБ — значительно возросла после начала военных действий в Чечне.

Французская газета «Ле Монд» также писала об опасности для Путина разоблачений о причастности спецслужб к сентябрьским взрывам: «Укрепив свою популярность и победив на выборах в Государственную думу в результате войны, развязанной против чеченского народа, Владимир Путин понимает, что есть только две причины, могущие помешать ему стать президентом на выборах в марте. Это крупные военные неудачи и потери в живой силе в Чечне, а также признание возможной причастности российских спецслужб к взрывам жилых домов, унесшим жизни около трехсот человек в сентябре прошлого года и послужившим официальным обоснованием для начала антитеррористической операции» в Чечне.

Интересно, что по делу о взрывах в Москве ни Лазовский, ни кто-либо из его людей не допрашивался, хотя можно было предположить, что за этими терактами стоят те же люди, что и за терактами 1994—1996 годов. Только весной 2000 года прокуратура дала согласие на арест Лазовского. Одновременно теми, кто стоял за Лазовским, а очевидно, что за Лазовским стояло прежде всего московское УФСБ, было принято решение не допустить задержания Лазовского. По оперативной информации, сразу же после того, как был выписан ордер на арест Лазовского, его убили: 28 апреля 2000 года на пороге Успенского собора в своем поселке он был расстрелян из автомата Калашникова с глушителем и оптическим прицелом. Четыре пули, одна из которых попала в горло, были смертельными. Стрельба велась из зарослей кустарника с расстояния примерно в 150 м. Джипа с охраной, который неотступно следовал за Лазовским в последнее время, рядом почему-то не оказалось. Убийца бросил оружие и скрылся. Кто-то оттащил окровавленное тело к больнице неподалеку и положил на лавку. Местная милиция привлекла для осмотра трупа врача из одинцовской поликлиники. Документы освидетельствования убитого и осмотра места происшествия были составлены крайне неряшливо и непрофессионально, и это дало повод утверждать, что убит не Лазовский, а его двойник.

Вечером 22 мая 2000 года в засаду спецназа ГРУ в районе между селениями Сержень-Юрт и Шали попал небольшой отряд боевиков. В результате скоротечного боя десять боевиков были убиты, остальные рассеяны. Среди убитых оказался

38-летний полевой командир и глава военной контрразведки Чечни Абу Мовсаев, допрашивавший старшего лейтенанта Галкина и, наверное, располагавший дополнительной информацией о взрывах. Местные жители рассказывали, что в мае Мовсаев несколько раз тайком приходил ночевать к живущим в Шали родственникам. Один из членов местной администрации сообщил об этом уполномоченному УФСБ. Тот не принял мер. Когда спецназ ГРУ попытался захватить полевого командира, ФСБ выступила против. Разразился скандал, дело передали в Москву, где приняли решение Мовсаева брать. Однако живым он взят не был.

9 марта 2000 года при взлете в Москве разбился самолет, на борту которого находилось девять человек: президент холдинга «Совершенно секретно» Артем Боровик, глава холдинга АО «Группа Альянс» чеченец по национальности Зия Бажаев, два его телохранителя и пять членов экипажа.

Як-40, около года назад арендованный Бажаевым у Вологодского авиапредприятия через столичную авиакомпанию «Аэротекс», должен был вылететь в Киев. В сообщении комиссии по расследованию происшествий на воздушном транспорте говорилось, что вологодские авиатехники перед взлетом не обработали самолет специальной жидкостью против обледенения, а его закрылки были выпущены всего на 10 градусов при необходимых для взлета 20 градусах. Между тем утром 9 марта в Шереметьево было всего четыре градуса мороза, без осадков. И обрабатывать самолет жидкостью «Арктика» не было необходимости. Кроме того, Як-40 без проблем можно было поднять в воздух и при выпущенных на 10 градусов закрылках: просто удлинился бы разбег, а взлет стал бы «ленивым». Судя по тому, что самолет рухнул примерно в середине взлетной полосы, которая в Шереметьево имеет длину 3,6 км, разбег у самолета был штатный — около 800 м.

Узнав о трагедии, лидер «Яблока» и депутат Государственной думы Григорий Явлинский заявил, что в последнее время Боровик и его команда занимались независимым расследованием взрывов в Москве. К каким выводам пришел бы Боровик, остается только догадываться.

Бывший генерал КГБ Олег Калугин по вопросу о взрывах имел свое мнение. Он считал, что ФСБ, как организация, не была непосредственно причастна к организации терактов и что взрывы были заказаны одной из «группировок российской власти», которая была заинтересована в повышении политического рейтинга Путина. Не исключено, что заказчики терактов использовали отдельных специалистов ФСБ или бывшего КГБ, однако сама государственная структура была подключена к операции только после провала в Рязани и обеспечивала прикрытие провалившейся операции и ее организаторов.

Конечно, возникает вопрос о том, что же это была за «группировка» и кто во главе нее стоял, если после провала в Рязани вся ФСБ, да и другие силовые ведомства, были брошены на «прикрытие провалившейся операции и ее организаторов». Понятно, что руководить такой «группировкой» должен был Путин и что в «группировку российской власти», повышающую рейтинг Путина, входили те, кто сегодня стоит у власти в России, продолжает войну в Чечне и сжимает в кулак спецслужбы.

Свое профессиональное суждение о взрыве в Рязани высказали неназванные сотрудники ФСБ в интервью журналистам «Новой газеты»:

> «Если бы взрыв в Рязани действительно готовили спецслужбы, то для этого должна была быть создана хорошо законспирированная группа (5—6 человек), состоящая из офицеров-фанатиков двух категорий. Первых — непосредственных исполнителей — должны были бы сразу уничтожить. И, разумеется, руковод-

ство не давало бы им непосредственных инструкций». Кроме того, «существует маловероятная, но в наших условиях весьма возможная версия рязанских событий. Разруха внутри спецслужб привела к тому, что внутри, например, ФСБ возникла группа офицеров-„патриотов", которая вышла из-под контроля. (Нынешняя степень скоординированности действий внутри этой структуры позволяет сделать такое предположение.) Допустим, она была достаточно законспирированной, автономной, выполняла определенные негласные задания, но помимо своей основной деятельности стала заниматься отсебятиной. К примеру, некоторые подобные „автономии" в свободное от работы время могут проявлять себя как неуловимые преступные группы. А эти из соображений политической целесообразности захотели взорвать дом, для того чтобы повысить боевой дух нации и т. д. Даже если руководство ФСБ выявит нерегламентированную деятельность такой отколовшейся группы, то никогда не признает факта ее существования. Конечно, на раскольников объявят охоту и в итоге ликвидируют, но без лишнего шума. Эту тайну, если бы она существовала, хранили бы особенно ревностно. А на попытки ее раскрыть реагировали примерно так же, как сейчас».

И все-таки теория заговора внутри ФСБ разбивается об очевидное покровительство высшего руководства ФСБ и государства. Да и неправильно предполагать, что в самом ФСБ прозевали столь крупный внутренний заговор. Чтобы дослужиться до генерала ФСБ, нужно пройти такие медные трубы и иметь такой нюх, что любой заговор подчиненных улавливаешь на большом расстоянии. К тому же внутриведомственное доносительство в ФСБ поставлено на широкую ногу. Пять-шесть человек самостоятельно договориться о теракте не могут. А взрывы в четырех городах это уже не пять-шесть человек, а много больше.

Депутат Государственной думы Владимир Волков также считал, что сентябрьские взрывы были делом спецслужб:

> «Вот уже дважды подряд президентские выборы словно бы случайно совпадают с обострением событий в Чечне. На этот раз чеченскую кампанию предварили теракты в Москве, Буйнакске, Волгодонске, Ростове... Но почему-то сорвался взрыв жилого дома в Рязани, ныне выдаваемый за учения. Как военный, знаю, что ни одно учение не проводится с настоящими взрывными устройствами, что об учениях обязательно должна была знать местная милиция и ФСБ. Увы, в Рязани все было по-другому, и пресса уже в открытую высказывается о том, что все „чеченские" теракты в русских городах — дело спецслужб, подготавливавших „маленькую войнушку" под Путина. Поиск ответа на эти подозрения еще предстоит, но уже сегодня ясно, что вместо белого коня Путину подсунули красного, чрезмерно окропленного народной кровью».

По-своему отмечая годовщину взрывов в Буйнакске, Москве и Волгодонске, сотрудники ФСБ, известные по «документам прикрытия» как майор Исмаилов и капитан Федоров, 8 августа 2000 года совершили теракт в подземном переходе Пушкинской площади. Тринадцать человек погибли, более ста получили ранения различной тяжести. Неподалеку от места взрыва специалисты Московского УФСБ обнаружили еще два взрывных устройства и расстреляли их из гидропушки.

Взрыв на Пушкинской был выстрелом в сердце. «Неизвестные пока злоумышленники очень точно выбрали место для своей акции, — писал 12 августа в киевской газете «Зеркало недели» Виталий Портников. — Для того чтобы понять, что такое Пушкинская площадь для жителя российской столицы, нужно, конечно же, быть москвичом. Потому что Красная площадь, Александровский сад, подземный комплекс в Охотном ряду, старый Арбат — скорее места туристических прогулок. Москвичи назначают встречи на Пушкинской [...]. Старый кинотеатр „Россия", перелицованный в „Пушкинский" и ультрасовременный „Кодак-Киномир", место молодежной „тусовки", первый в СССР „Макдональдс" и восточная закусочная системы „Елки-Палки", кофейни и офис „Мобильных телесистем", Ленком и доронинский МХАТ, бутики в галерее „Актер" и самый модный в среде политической элиты ресторан русской национальной кухни „Пушкин" — именно в нем московский мэр Юрий Лужков договаривался с министром печати Михаилом Лесиным о судьбе своего телеканала ТВ-Центр... Пушкинская — не просто центр города, площадь или станция метро. Это среда обитания [...]. Взорвать среду обитания для террориста важнее, чем даже подложить бомбу под жилой дом. Потому что дом может оказаться соседским, а среда обитания — всегда ваша».

Юрий Лужков поспешно попытался списать и этот взрыв на чеченцев: «На 100 процентов это — Чечня». Уставшие от постоянных обвинений чеченцы на этот раз решили одернуть мэра. Глава администрации Чечни Ахмад Кадыров выразил возмущение тем, что во взрыве бездоказательно снова обвиняют чеченцев. Представитель Кадырова при российском правительстве, бывший министр иностранных дел в администрации Джохара Дудаева Шамиль Бено пригрозил демонстрацией чеченцев в Москве, а председатель Госсовета Чечни Малик Сайдуллаев пообещал внушительную премию за информацию об истинных организаторах взрыва. Аслан Масхадов также отмежевался от теракта и выразил соболезнование россиянам.

5 августа 2000 года двенадцать человек — члены спецгруппы Андрея Александровича Морева, прибывшие на Петровку, 38 для инструктажа перед очередной операцией, — стали свидетелями разговора Исмаилова и Федорова о работе на Пушкинской площади. Через три дня там действительно произошел теракт, а в фотороботах Морев опознал двух офицеров ФСБ. Только эта случайность позволяет нам сегодня утверждать, что за взрывом на Пушкинской площади стояли спецслужбы, а не чеченцы.

Пройдут годы. Россия, конечно же, будет другой. У нее будет другое политическое руководство. И если мы еще будем живы, нас спросят наши дети: почему вы молчали? Когда вас взрывали в Москве, Волгодонске, Буйнакске, Рязани — почему вы молчали?

Мы не молчали. Мы возмущались, кричали, писали... Жители дома № 14/16 по улице Новоселов подали в суд на ФСБ. В письме, отправленном в генпрокуратуру России, говорилось: «Над нами поставили чудовищный эксперимент, в котором двумстам сорока ни в чем не повинным людям отвели роль статистов. Всем нам нанесли не только тяжелую психическую травму, но и невосполнимый вред здоровью». Рязанцев поддержала администрация Рязанской области. Однако дальше слов дело не пошло, а коллективное заявление в прокуратуре затерялось.

18 марта депутаты фракции «Яблоко» Сергей Иваненко и Юрий Щекочихин подготовили проект постановления Госдумы о парламентском запросе и. о. генерального прокурора Владимиру Устинову «О факте обнаружения в г. Рязани 22 сентября 1999 года взрывчатого вещества и обстоятельствах его расследования». Иваненко и Щекочихин предлагали депутатам Госдумы получить ответы на следующие вопросы: «на какой стадии находится уголовное дело по факту

обнаружения в Рязани взрывчатого вещества 22 сентября 1999 г.; проводилась ли экспертиза найденного вещества; кто и когда отдал приказ о проведении учений, каковы были цели и задачи учений; какие средства и вещества — взрывчатые или имитирующие их — использовались при проведении учений; провести проверку публикаций «Новой газеты» №10 за 2000 г. о том, что на складе оружия и боеприпасов одной из учебных частей ВДВ хранился гексоген, расфасованный в мешки из-под сахара».

В проекте запроса говорилось также о том, что руководство ФСБ в течение двух дней со дня происшествия изменило официальную позицию. Согласно первой версии 22 сентября 1999 г. был успешно предотвращен террористический акт. Согласно второй — в Рязани проводились учения по проверке боеготовности правоохранительных органов. «Ряд приведенных фактов ставит под сомнение официальную версию событий, происшедших в Рязани», — говорилось в запросе. Информация, связанная с учениями, закрыта. Недоступны материалы уголовного дела, возбужденного УФСБ по Рязанской области по факту обнаружения взрывчатых веществ. Не названы лица, заложившие имитационное взрывное устройство, а также те, кто издал приказ о проведении учений. «Заявление руководства ФСБ о том, что найденное в Рязани вещество состояло из сахарного песка, не выдерживает критики». В частности, прибор, использованный для анализа найденного вещества, указывал на наличие гексогена и был совершенно исправен, а детонатор взрывного устройства не был имитацией.

Увы, большинство членов Думы проголосовало запрос не производить. Против направления запроса выступила проправительственная фракция «Единство», группа «Народный депутат», часть фракции «Регионов России» и часть Либерально-демократической партии России (ЛДПР). «За» запрос высказались «Яблоко», Союз правых сил (СПС), коммунисты (КПРФ) и Аграрно-промышленная группа (АПГ). В результате сторонники Щекочихина и Иваненко набрали 103 парламентских голоса (при необходимых 226). Членов российского парламента правда о сентябрьских взрывах почему-то не интересовала.

Вторая попытка поставить вопрос на голосование, предпринятая 31 марта, приблизила Щекочихина и Иваненко к цели, но победой не увенчалась. При голосовании на пленарном заседании Думы, несмотря на поддержку КПРФ, АПГ и «Яблока», а также частичную поддержку фракций «Отечество — вся Россия» (ОВР) и СПС, проект запроса набрал 197 голосов против 137, при одном воздержавшемся. Из фракции «Единство» «за» не проголосовал ни один человек.

16 марта 2000 года Зданович указал в одном из своих интервью, что по имеющейся в ФСБ информации журналист Николай Николаев, ведущий на НТВ цикл передач «Независимое расследование», намерен в ближайшие дни, еще до президентских выборов, провести расследование рязанских учений в студии НТВ. Программа была намечена на 24 марта. Неудивительно, что за несколько дней до этого пришло известие, которого ждали много месяцев. 21 марта Федеральное агентство новостей (ФАН) передало сообщение о результатах экспертизы образцов сахара, найденного в Рязани 22 сентября 1999 года. В ФАН информация пришла из Рязанской области, от начальника УФСБ по Рязанской области генерал-майора Сергеева. По его словам, экспертизой было установлено, что в найденных мешках содержался сахар без примеси каких-либо взрывчатых веществ. «В результате проведенных исследований образцов сахара следов тротила, гексогена, нитроглицерина и других взрывчатых веществ не обнаружено», — было отрапортовано в заключении экспертов. Кроме того, по словам Сергеева, экспертиза подтвердила, что взрыв-

ное устройство, найденное вместе с мешками с сахаром, являлось муляжом. «Следовательно, можно сделать вывод, что данное устройство взрывным не являлось, так как в нем отсутствовали заряд взрывчатого вещества и средство взрывания», — говорилось в заключении.

Постепенно становилось ясно, что ФСБ пытается закрыть уголовное дело до программы Николаева и президентских выборов. Уголовное дело, возбужденное 23 сентября 1999 года начальником следственного отделения УФСБ РФ по Рязанской области подполковником Максимовым, после заявления Патрушева об «учениях» было 27 сентября прекращено. Однако 2 декабря, т. е. через два с лишним месяца, генпрокуратура сочла, что уголовное дело прекращено преждевременно, и, отменив постановление рязанского УФСБ от 27 сентября, возобновила следствие, дав понять, что с версией об «учениях» у ФСБ не все обстоит благополучно. Правда, «доследование» было поручено не независимому следствию (такого не существует), а заинтересованной стороне — ФСБ, структуре, обвиняемой в планировании теракта. И все-таки дело закрыто не было.

Рязанское УФСБ повторно запросило в лаборатории ФСБ в Москве результаты полной экспертизы вещества, находившегося в мешках из-под сахара, и механического устройства, найденного при них. 15 марта 2000 года УФСБ получило из Москвы долгожданный ответ (на который так надеялось руководство): «Установлено, что вещество во всех образцах (взятых из трех мешков) представляет собой сахарозу — основу сахара, получаемого из свекловичного и тростникового сырья. По химическому составу и внешнему виду исследуемое вещество соответствует сахару в виде пищевого продукта. В представленных образцах следов взрывчатых веществ не обнаружено. Инициирующее устройство не могло быть использовано в качестве средства взрывания, т.к. в нем нет заряда взрывчатого вещества. Следовательно, реально жильцам ничто не угрожало». А значит, нет признаков «терроризма».

«На мой взгляд, мы получили достаточно веские основания для того, чтобы дело прекратить в связи с учебным характером событий, имевших место 22 сентября 1999 года в доме по улице Новоселов», — сообщил в интервью 21 марта 2000 года возбудивший дело следователь Максимов.

Теперь предстояло дезавуировать результаты экспертизы, проведенной Ткаченко. Эта честь также выпала 21 марта на долю Максимова: «Анализ проводил начальник ИТО [инженерно-технического отдела] Юрий Васильевич Ткаченко. На его руках, как позже выяснилось, после суточного дежурства остались следы пластита, в состав которого входит гексоген. Необходимо отметить, что подобный «фон» в виде микрочастиц может присутствовать на коже длительное время — до трех месяцев. Чистоты проводимого анализа можно было достичь только при работе в одноразовых перчатках. Увы, они не входят в рабочий комплект специалиста-взрывотехника, а средств на их приобретение нет. Мы пришли к выводу, что только поэтому милиционеры „поставили диагноз" — наличие взрывчатого вещества».

Наверное, именно так написал Максимов в сопроводительной документации в генпрокуратуру, объясняя необходимость закрытия дела против ФСБ по статье «терроризм». Требовать от следователя героизма мы не вправе. У Максимова, как и у всех нас, семья. Идти против руководства ФСБ было непрактично и рискованно. Однако следует отметить, что мнение Максимова расходится с точкой зрения Ткаченко, которого никак нельзя заподозрить в заинтересованности в этом вопросе. Ничего, кроме неприятностей, принципиальность Ткаченко принести ему не могла. И действительно — после рязанского эпизода он был командирован в Чечню.

Рязанское отделение специалистов-взрывотехников, которым руководил Ткаченко, было уникальным не только для Рязани, но и для всех близлежащих областей. В нем трудились тринадцать человек саперов-профессионалов, имевших большой опыт работы, неоднократно проходивших курсы повышения квалификации в Москве на базе научно-технического центра «Взрывиспытание» и раз в два года сдававших специальные экзамены. Ткаченко утверждал, что техника в его отделе была на мировом уровне. Использованный для анализа найденного вещества газовый анализатор — прибор, стоящий около 20 тысяч долларов, — был совершенно исправен (иначе и быть не могло, так как жизнь сапера зависит от исправности техники). Согласно своим техническим характеристикам газовый анализатор обладает высокой надежностью и точностью, поэтому результаты анализа, показавшего наличие паров гексогена в содержимом мешков, сомнений вызывать не должны. Следовательно, в состав имитационного заряда входило боевое, а не учебное, взрывчатое вещество. Обезвреженный специалистами-взрывотехниками детонатор, по словам Ткаченко, также был изготовлен на профессиональном уровне и муляжом не был.

Теоретически ошибка могла произойти в случае, если за техникой не было надлежащего ухода и если газовый анализатор «сохранил» следы прежнего исследования. Отвечая на заданный по этому поводу вопрос, Ткаченко сказал следующее: «Техническое обслуживание газового анализатора проводит только узкий специалист и строго по графику: есть плановые работы, есть профилактические проверки, поскольку в приборе существует источник постоянной радиации». «Следы» остаться не могли еще и потому, что в практике любой лаборатории определение паров гексогена довольно редкий случай. Припомнить, когда бы пришлось определять прибором гексоген, Ткаченко и его сотрудники не смогли.

20 марта жильцы дома по улице Новоселов собрались для записи программы «Независимое расследование» в студии НТВ. Вместе с ними на телевидение прибыли представители ФСБ. В эфир программа вышла 24-го. В публичном телерасследовании принимали участие Александр Зданович, первый заместитель начальника Следственного управления ФСБ Станислав Воронов, Юрий Щекочихин, Олег Калугин, Савостьянов, глава рязанского УФСБ Сергеев, следователи и эксперты ФСБ, независимые эксперты, юристы, правозащитники и психологи.

Выступая без масок и без оружия, сотрудники ФСБ очевидным образом проиграли битву с населением. Экспертиза над сахаром, проводившаяся почти полгода, выглядела анекдотично. «Если вы утверждаете, что в мешках был сахар, то уголовное дело по обвинению в терроризме должно быть прекращено. Но уголовное дело до сих пор не прекращено. Значит, там был не сахар», — восклицал адвокат Павел Астахов, не знавший о том, что 21-го дело закроют. Было очевидно, что на повторную экспертизу в Москву ушли другие мешки, не те, которые нашли в Рязани. Только доказать эту очевидность никто не мог.

Присутствовавший в зале эксперт-взрывник Трансвзрывпрома Рафаэль Гильманов подтвердил, что гексоген совершенно невозможно перепутать с сахаром. Даже по внешнему виду они не похожи. Версию следователей ФСБ о том, что во время первой экспертизы перепачканный чемодан пиротехника «дал след», эксперт назвал неправдоподобной. Столь же неправдоподобно выглядели и утверждения представителей ФСБ о том, что саперы, вызванные на место происшествия, приняли муляж за настоящее взрывное устройство. Сотрудники ФСБ объяснили, что генерал Сергеев, сообщивший о взрывателе и присутствующий теперь в зале, «не является тонким специалистом в области взрывных устройств» и 22 сентября просто ошибся. Генерал Сергеев на обвинения в свой адрес в непрофессионализме почему-то не обиделся, хотя 22 сентября делал публичное заявление о взрывателе, основываясь на выводах подчиненных ему экспертов, в чьем профессионализме сомнений не было.

Оказалось, что в зале много военных. Они с уверенностью заявляли, что происшедшее в Рязани не похоже даже на самые «максимально приближенные» к боевым учения. Подготовка боевых учений всегда сопровождается обязательными подготовительными мероприятиями, в частности, на случай возможных ЧП готовится скорая медицинская помощь, медикаменты, перевязочные средства, теплая одежда. Даже самые важные учения, если они связаны с действиями среди гражданского населения, обязательно согласовываются с местным руководством и заинтересованными ведомствами. В данном случае ничего не подготавливалось и не согласовывалось. Так учения не проводятся — категорически заявил один из жильцов дома, профессиональный военный.

В целом аргументы сотрудников ФСБ были настолько нелепы, что один из жильцов итоги подвел по-своему: «Не надо нам вешать лапшу на уши». Вот небольшой отрывок из теледебатов:

> *Народ:* Следственное управление ФСБ возбудило уголовное дело. Оно что, возбудило дело против самой себя?
>
> *ФСБ:* Уголовное дело возбуждено по факту обнаружения.
>
> *Народ:* Но если это были учения, то по какому факту?
>
> *ФСБ:* Вы не дослушали. Учения проводились с целью проверки взаимодействия различных правоохранительных органов. На тот момент, когда возбуж-

давалось уголовное дело, ни милиция Рязани, ни федеральные органы не знали, что это учения...

Народ: Так против кого же возбуждено дело?

ФСБ: Я еще раз говорю — уголовное дело возбуждалось по факту обнаружения.

Народ: По какому факту? По факту учений в Рязани?

ФСБ: Человеку, который не разбирается в уголовно-процессуальном законодательстве, бесполезно объяснять...

Народ: В чем же заключалась безопасность граждан, которые всю ночь провели на улице, в чем безопасность здесь для физического и психического здоровья? И второе — вы возмущены тем, что звонят телефонные террористы и грозят взрывами, а чем вы от них отличаетесь?

ФСБ: Что такое обеспечение безопасности граждан? Это какой-то конечный эффект, когда взрывы не прогремят...

Народ: Я сам бывший военный. Учений провел за 28 лет ну знаете сколько, и то, что здесь рассказывают солидные люди, генералы, об учениях, вы знаете, уши вянут!

ФСБ: Вы как бывший военный проводили, наверное, военные учения. У нас специальная служба, и в этой службе используются специальные силы и средства на основании закона об оперативно-розыскной деятельности...

(Вмешаемся в спор народа с ФСБ и еще раз подчеркнем, что в законе «Об оперативно-розыскной деятельности в Российской Федерации» об учениях не говорится.)

Народ: Если кто-то фиксировал ход учений, то где эти люди?

ФСБ: Если бы, конечно, нам раз в 10 увеличить личный состав, то, конечно...

Народ: Не надо нам лапшу вешать на уши! Люди, которые видели гексоген, никогда его с сахаром не спутают...

ФСБ: Порошок насыпали на крышку чемодана, с которым они с 95-го года ездили на все учения. И в Чечню в свое время брали. Короче, среагировали бумажки на пары гексогена...

Народ: Я видел мешки с трех метров. Во-первых, желтоватые. Во-вторых, мелкие гранулы, как вермишель.

ФСБ: Сахар производства Курской области. Сахар производства Воронежской области отличается. А сахар, который производят у нас на Кубе, он вообще желтый!»

Присутствовавший в студии рязанский журналист Александр Баданов писал на следующий день в местной рязанской газете:

«Что же все-таки произошло? — пытались выяснить на телепередаче рязанцы. Однако на большинство их вопросов представители ФСБ не дали удовлетворительного ответа. [...] По словам Здановича, ФСБ расследует сейчас уголовное дело по факту сентябрьских событий в Рязани. Абсурд, возможный, вероятно, только в России: ФСБ расследует уголовное дело по факту учений, проведенных ею же! Но ведь дело может быть возбуждено лишь по факту предполагаемых противоправных действий. Как же тогда относиться ко всем предыдущим заявлениям высокопоставленных спецслужбистов о том, что никаких нарушений закона при проведении учений не было? Жильцы дома №14 пытались подать в Рязанскую прокуратуру иск к ФСБ с требованием возмещения причиненного морального ущерба. Жильцам сказали, что иск согласно процессуальным нормам они могут предъявить только к конкретному человеку, который отдал приказ о проведении учений. Шесть раз Здановичу и Сергееву задавался один и тот же вопрос: кто отдал приказ провести в Рязани учения? Шесть раз Зданович и Сергеев уходили от ответа, мотивируя это интересами следствия. [...] Отсутствие правдивой информации породило версию о том, что спецслужбы действительно хотели взорвать жилой дом в Рязани для оправдания наступления федеральных войск в Чечне и поднятия боевого духа солдат. „Я видел содержимое мешков, на сахар это никак не похоже, — сказал в заключение Алексей Картофельников. — Я уверен в том, что в мешках был не сахар, а настоящий гексоген". С ним согласны другие жильцы дома. Так что, думается, в интересах самой ФСБ было бы назвать того, кто подписал приказ о проведении учений, подорвавших доверие и престиж российских спецслужб».

Практическим результатом встречи в студии стало вмешательство адвоката Астахова в старый коллективный иск рязанцев. Потерпевшая сторона попросила генпрокуратуру разъяснить ей цель операции, а также определить размеры и форму компенсации морального ущерба. На этот раз ответ пришел подозрительно быстро: «Сотрудники ФСБ действовали в рамках своей компетенции», — сообщила генпрокуратура. И ясно, почему она торопилась. На 24 марта была запланирована пресс-конференция Здановича, на которой руководство ФСБ планировало «наехать» на СМИ, а на 26 марта 2000 года были назначены президентские выборы.

После позорного поражения Здановича и его коллег в студии Николаева руководство ФСБ приняло решение в открытых дебатах с населением больше не участвовать и в НТВ не ездить. Более того, видимо, именно в эти роковые для всей страны дни ФСБ постановила начать планомерное уничтожение НТВ. 26 марта, в ночь после президентских выборов, об опасности закрытия НТВ властями в связи с показом программы Николаева «Рязанский сахар — учения спецслужб или неудавшийся взрыв?» открыто заявил в «Итогах» Евгения Киселева Борис Немцов:

> «Я не знаю, что будет с НТВ. После того как один из авторов, по-моему Николаев его фамилия, изложил свою версию взрывов в Москве и других городах. Я думаю, что над НТВ нависла реальная угроза... Я считаю своим долгом защищать НТВ, если будут какие-то попытки его закрыть. А я не исключаю, что такая возможность существует. По крайней мере по отношению к ряду журналистов подобные попытки, может, не со стороны Путина, но со стороны его окружения делались».

В неформальной обстановке генералы ФСБ признавались, что ими принято решение о «вытеснении» из России руководителей НТВ Гусинского, Игоря Малашенко и Киселева. Буквально на следующий день после прихода к власти Путин действительно приступил к разгрому НТВ и империи Гусинского «Мост», а из названных руководителей канала в России сумел удержаться только Киселев.

К 24 марта 2000 года Здановичу было крайне необходимо иметь на руках постановление генпрокуратуры России о законности проведения ФСБ «учений» в Рязани в сентябре 1999 года. И Зданович этот документ получил перед самой пресс-конференцией, 23 марта. Генеральная прокуратура России отказала жителям Рязани в возбуждении уголовного дела в отношении сотрудников ФСБ «за отсутствием состава преступления». Прокуратура пришла к заключению, что действия сотрудников органов безопасности по проверке эффективности принимаемых органами правопорядка мер были осуществлены в рамках компетенции органов ФСБ России в связи с проводимым «комплексом предупредительно-профилактических мероприятий, направленных на обеспечение безопасности граждан» в ходе операции «Вихрь-Антитеррор» «в связи с резким осложнением оперативной обстановки в стране, вызванным серией террористических актов». Учитывая это, а также то, что действия сотрудников ФСБ не имели общественно-опасных последствий и не повлекли нарушений прав и интересов граждан, генпрокуратура приняла решение об отказе в возбуждении уголовного дела.

В тот же день начальник Управления генпрокуратуры по надзору за ФСБ Владимир Титов победно отрапортовал об этом государственному каналу РТР в 17-часовых новостях. В пересказе РТР и Титова знакомая всем рязанская история от 22 сентября выглядела рядовым событием, недостойным внимания общественности и журналистов:

> *РТР:* Жильцов эвакуировали. Прибывший взрывотехник не обнаружил в мешках взрывчатого вещества. Милиционеры сначала хотели объявить этот инцидент чьей-то дурацкой шуткой.
>
> *Титов:* Вместе с тем на место приехал начальник отдела экспертизы Ткаченко. Имеющимся у него прибором проверил мешки. Прибор показал наличие гексогена.
>
> *РТР:* Из каждого мешка взяли по килограмму содержимого и отвезли на полигон. Но вещество не

сдетонировало. В мешках находился сахар. Два дня спустя директор ФСБ Николай Патрушев заявил, что в Рязани проводились контртеррористические учения. И эксперты объяснили, почему прибор, которым пользовался Ткаченко, показал наличие гексогена.

Титов: Этот начальник постоянно занимался проведением экспертиз, и прибор сработал на наличие микрочастиц на его руках.

РТР: Сегодня в деле о «Рязанском гексогене» поставлена точка. Копии постановления генпрокуратуры отсылают в Рязанское УФСБ и для депутатов фракции «Яблоко», которые подготовили запрос о ходе проверки.

Первоначальные выводы экспертов о том, что в мешках, обнаруженных в подвале жилого дома в Рязани, находился гексоген, в ходе проверки генпрокуратуры опровергнуты. Повторная экспертиза доказала, что мешки были наполнены сахаром. Однако в прессе и на телевидении появились сообщения о том, что на учениях использовался гексоген и ФСБ проводила эти учения с риском для населения.

Титов: Можно делать только один вывод — заинтересованность определенных корреспондентов, я бы даже сказал недобросовестность... просто подавать жареную фактуру, только и всего... для поднятия тиража.

РТР: Теперь жители дома номер 14 дробь 16 по улице Новоселова, наконец, узнают, ради чего им пришлось провести всю ночь на улице, ожидая взрыва.

Титов: Это была проверка начальника местного УФСБ. Надо было посмотреть, как он будет действовать в экстремальных ситуациях.

РТР: В итоге генпрокуратура постановила, что эти учения проводились без общественно-опасных последствий и в рамках компетенции спецслужб. Следственное дело по статье «терроризм», которое рязанские следователи завели осенью прошлого года, будет закрыто.

24 сентября, имея в своем распоряжении своеобразную индульгенцию — документ об отказе генпрокуратурой рязанцам в праве возбуждения иска против ФСБ, — Зданович перешел в наступление против журналистов. Сильно нервничая, на отвратительном русском языке, он приступил к откровенным угрозам:

«Я бы хотел обратить ваше внимание на то, что мы не оставляли и не оставим впредь — я хочу это официально заявить — без внимания ни одну провокацию, которые против государственной службы, государственного института организуют отдельные журналисты. [...] Значит, чтобы конкретно указать: вот из „Новой газеты" корреспондент, который публиковал эти статьи, я не боюсь называть его провокатором, поскольку у нас сейчас есть полностью показания того солдата, который потом, так сказать, был использован как перепев и в „Общей газете", как все происходило и как из него вытаскивали, так сказать, эти слова и что ему сулили за все это. Это все доказано. В рамках уголовного дела, которое существует по этой... по вашим же публикациям, может, не вашим, а по другим — уголовное дело — оно будет завершено в начале апреля. Значит, в рамках этого уголовного дела будет допрошен сам корреспондент, почему он такие действия, так сказать, совершал. И в рамках этого уже есть определенные иски со стороны представителей воздушно-десантных войск, и, когда это все будет закреплено процессуально и ляжет в виде протоколов в уголовное дело и будет оценено соответствующим образом и прокуратурой и нашими представителями Договорно-правового управления, я не исключаю совершенно, что мы предъявим определенные иски, в том числе и в судебном порядке, потому что провокациями заниматься никому не позволено».

Выслушав угрозы Здановича, один из присутствующих на брифинге журналистов, видимо, не сильно испугавшийся, спросил: «Я вот, честно говоря, не хотел вам задавать вопрос по поводу Рязани, меня эта тема как бы мало интересует, но вы сами вступили в полемику. Объясните мне, пожалуйста, вот предположим, у меня есть в деревне свой частный дом, вы можете там провести учебную тревогу и подложить вот под мой дом учебную бомбу, имеете вы законные основания?»

Ответ Здановича еще раз продемонстрировал, что ФСБ и российское общество говорят на разных языках, хотя и живут в одном государстве:

«Значит, я понял, значит, я еще раз говорю, что мы действовали строго в рамках закона по борьбе с терроризмом. Все наши действия [...] исследованы прокуратурой, и ни одного действия, которое бы нарушало тот или иной закон, не зафиксировано. Вот я вам могу такой ответ дать».

Слишком много событий наслоилось на вторую половину марта 2000 года. Видимо, именно из-за выборов 26 марта не вышел очередной номер опальной «Новой газеты», содержащий материалы о финансировании предвыборной кампании Путина и о ФСБ. 17 марта неизвестные хакеры взломали компьютер газеты и уничтожили компьютерную верстку выпуска. Щекочихин на это заявил, что взлом компьютерной системы стал последним в целом ряду инцидентов, направленных на то, чтобы помешать газете нормально работать. В частности, не так давно офис газеты был взломан, а компьютер, содержащий информацию о рекламодателях, похищен. За последние два года налоговая полиция четыре раза проводила проверки в офисе «Новой газеты», а от некоторых ее спонсоров Кремль требовал прекращения финансирования строптивого органа.

Руководство «Новой газеты» попыталось понять, что именно завело его в столь серьезное противостояние с ФСБ. С просьбой проанализировать ситуацию журналисты «Новой газеты» обратились к самим сотрудникам ведомства. Ответ, который получила газета, следует назвать откровенным:

> «Такая активность со стороны государства по отношению к изданию, безусловно, свидетельствует о том, что вы вторглись в запретную зону, наступили кому-то на хвост. Не исключено, что вы стали нежелательными свидетелями не самого удачного эпизода внутренних разборок в спецслужбах. Если факт имел место, никто из противоборствующих системных группировок его не подтвердит. Все заинтересованы в том, чтобы его скрыть. Они явно опасаются, что найдутся новые живые свидетели подготовки рязанских „событий"».

К этому времени Рязань из провинциального города превратилась в место паломничества иностранных журналистов. Как остроумно заметил Павел Волошин, Рязань «по количеству иностранных журналистов на душу населения скоро сравняется с Москвой». Номера «люкс» местных гостиниц были заняты теперь иностранными корреспондентами, и все они, вместе со своими съемочными бригадами, осаждали местные милицию, ФСБ и даже МЧС. По этой причине из Москвы в Рязань пришел приказ в УФСБ и УВД контакты с прессой прекратить. Кто-то из офицеров, уже успевших дать интервью, поспешно отказывался от своих слов. По факту утечки информации в рязанских силовых ведомствах началась служебная проверка. А на все журналистские запросы Юрий Блудов сухо отвечал: «Без комментариев».

От намерения судиться с ФСБ все без исключения жильцы рязанского дома отказались, хотя уверенности в невиновности ФСБ не было. В дом № 14/16 неоднократно приезжали офицеры милиции и ФСБ, уговаривали не подавать на организаторов учений в суд. Даже генерал Сергеев приезжал, просил не жаловаться, извинялся за своих московских коллег. Когда 20 сентября 2000 года НТВ передавало репортаж о приближающемся скорбном юбилее, одна из женщин сказала: «Скоро подходит это число, вообще, из дома хочется уйти. Потому что боюсь, что годовщину, не дай Бог, отметят опять таким же учением. Я лично сомневаюсь, что это были учения. Я сомневаюсь». «С нами обошлись, как с быдлом, говорила другая жительница дома. — Если бы нам хотя бы под утро сказали, что это проверка, а то ведь только через два дня... Мы не верим, что это были учения». «Я не верю, что это были учения, — сказала Людмила Картофельникова. — Ну разве можно так издеваться над людьми? В нашем доме на восьмом этаже пожилая женщина не смогла вывезти парализованную мать и эвакуировалась одна. Как же она рыдала потом в кинотеатре». Герой рязанских событий Алексей Картофельников тоже сомневался: «никто нам в тот день не объяснил, что это были учения. Да мы и не верим. У нас ведь как — если что-то взорвалось, значит, теракт. Если разминировали — учения».

Сомневались не только жители злополучного рязанского дома, но и российская пресса. «Если власти убедительно докажут, — писала «Версия», — что именно чеченские террористы взрывали дома со спящими жителями, мы если не одобрим, то поймем ту жестокость, с которой обрушились на чеченские города и села наши войска. Но если взрыв заказали не чеченцы, не Хаттаб, не Басаев, не Радуев? Если не они, то кто? Подумать страшно. […] Мы уже понимаем, что просто так заявлять о том, что взрывы организовали чеченцы, мы не можем».

Наконец, сомневались многочисленные иностранные специалисты. Вот что ответил на вопрос о причинах возникновения войны в Чечне Вильям Одом:

> «Россия, по моему мнению, сама сфабриковала предлог для этой войны. Есть достаточно убедительные доказательства того, что полиция инсценировала некоторые взрывы в Москве. Они попались на таких действиях в Рязани, и попытались представить свои действия в качестве учений. Я думаю, что российский режим сфабриковал целую цепочку заранее спланированных событий с тем, чтобы сформировать российское общественное мнение и направить страну по пути, который неприемлем для большинства россиян».

Выйдя за рамки правового поля, ФСБ основывала свою деятельность не на Конституции РФ и не на уголовном и уголовно-процессуальном кодексах, а на собственных политических пристрастиях, сформулированных в инструкциях и устных приказах. Беспредел, в который погрузилась Россия, возник прежде всего потому, что спецслужбы планомерно и целенаправлено разрушали законодательные основы российской государственности. В этой войне самым страшным оружием спецслужб были организуемые ими по всей стране подконтрольные внештатные спецгруппы.

Глава 8

Создание подконтрольных ФСБ внештатных спецгрупп

Внештатные конспиративные боевые группы из бывших и действующих сотрудников специальных воинских подразделений и силовых структур начинают создаваться в России в 1980-е годы. Всего в России существует около 30 силовых ведомств. Воинские подразделения были при каждом из них. Трудно сказать, насколько эта акция носила организованный, а насколько стихийный характер. Очевидно, что ФСБ пытается везде иметь своих людей и, если не всегда организует группировки в формальном смысле слова, то в той или иной степени контролирует их деятельность с самого начала. Показательной является история создания в Приморье группировки братьев Александра и Сергея Ларионовых.

В конце 80-х годов в одно из самых крупных производственных объединений Владивостока Востоктрансфлот по распределению отправляются два брата Александр и Сергей Ларионовы. Вскоре С. Ларионов становится руководителем комсомольской организации объединения. Когда началось акционирование госпредприятия, братья Ларионовы, где-то раздобыв деньги, сами и через подставных лиц скупили крупный пакет акций и зарегистрировали при Востоктрансфлоте службу безопасности производственного объединения под названием «Система СБ». На базе этой структуры была затем создана самая мощная и кровавая в истории Приморья ОПГ.

Люди Ларионовых объезжали воинские части Тихоокеанского флота, шли к командиру или его заместителю по работе с личным составом, рассказывали, что занимаются трудоустройством увольняющихся в запас бойцов спецподразделений в «Систему СБ», занимающуюся борьбой с оргпреступностью; и после увольнения в запас бойцы диверсионных подразделений поступали к ним на работу. Группировка была построена по системе ГРУ; имела свою разведку и контрразведку, своих «чистильщиков», бригады наружного наблюдения, взрывников и аналитиков. В Японии было приобретено самое современное оборудование — сканеры, позволяющие перехватывать пейджинговые сообщения и разговоры по радиотелефонам, «жучки», приборы ночного видения и направленные микрофоны, спрятанные в различные предметы.

Бригада Ларионовых действовала в тесной связи с приморскими спецслужбами, прежде всего с военно-морской разведкой ГРУ. Заказы на отстрел преступных авторитетов поступали из местного УФСБ. Аналитики Ларионовых определили семь «преступных авторитетов», возглавлявших группировки, контролирующие Владивостокские бизнесы. Эту семерку Ларионовы решили «убрать», а бизнесы забрать себе.

Первым в списке стоял бандит по уголовной кличке Чехов. Двое ликвидаторов бригады Ларионовых организовали засаду на трассе за городом и расстреляли из автоматов машину

Чехова. Выскочивший из машины водитель был убит выстрелом в голову, а раненого «авторитета» увезли в сопки, облили бензином и сожгли.

Другому «приговоренному» бросили в спальню взрывное устройство большой мощности. Объект тер-акта уцелел, но обрушился подъезд жилого дома, погибли четыре случайных человека.

В 1993 году внутри группировки Ларионовых возник конфликт. Один из ее лидеров, Вадим Голдберг (или Гольдберг) и его подельники похитили А. Ларионова, вывезли его в лес и убили, нанеся несколько десятков ударов ножами. Узнав о смерти брата, С. Ларионов скрылся. К концу года все члены банды, в том числе С. Ларионов и Голдберг, были задержаны уголовным розыском. На одном из первых допросов С. Ларионов заявил, что пока говорить ничего не будет, но все расскажет на суде: и о «Системе СБ», и о кураторах из спецслужб. Чтобы этого не произошло, Ларионова убили.

Содержался он во Владивостокском СИЗО №1, в усиленно охраняемой одиночной камере. По пути на очередной допрос навстречу Ларионову в коридор вывели Евгения Демьяненко, проведшего за решеткой 19 лет. Проходя мимо, Демьяненко выхватил «заточку» и убил Ларионова одним ударом.

Месть Ларионову на этом не закончилась. В 1999 году неизвестные подорвали квартиру Ларионова, где находилась его жена, которая не пострадала. Некоторое время спустя наемный убийца расстрелял адвоката Ларионова Надежду Самихову. По Владивостоку поползли слухи, что «спецслужбы убирают свидетелей». Действительно, прокуратура подозрительно долго тянула с судом. Следствие длилось несколько лет, обвинительное заключение было вынесено только 14 января 2000 года. Уголовное дело по группировке Ларионовых насчитывало 108 томов. Но на скамье подсудимых оказались всего девять человек. Трое вышли прямо из зала суда, так как им засчитали время, проведенное под следствием. Остальные получили от 8-и до 15-и лет лишения свободы (в частности, 15 лет получил Голдберг).

Есть основания предполагать, что на ФСБ работала бригада известного самарского криминального «авторитета» Александра Литвинки (уголовная кличка Ниссан). Литвинка жил на Украине. В начале 80-х годов приехал в Самару и вскоре за серию разбойных нападений был осужден на семь лет. Из колонии вышел «авторитетом», уголовную кличку Ниссан получил за любовь к японским автомобилям. Заручившись поддержкой самарских «авторитетов», таких, как Дмитрий Рузляев (Дима Большой) и Михаил Бесфамильный (Бес), Литвинка создал свою «бригаду», костяк которой составили бывшие спортсмены-каратисты, строго соблюдавшие «сухой закон» и беспрекословно подчинявшиеся приказу.

Вскоре Литвинка начинает участвовать в войне за контроль над Волжским автозаводом (ВАЗом). В начале 1996 года в пансионате «Дубки» проходит встреча представителей двух самарских преступных группировок. После того как переговоры удачно завершились, четверо неизвестных расстреляли собравшихся из «калашниковых». Четыре криминальных «авторитета» и один «вор в законе» были убиты. В одном из нападавших был узнан Литвинка, вскоре арестованный. Спустя месяц Литвинка из тюрьмы был освобожден, обвинений предъявлено ему не было.

С этой минуты в криминальной среде Самары уже не сомневались в том, что Литвинка работает на спецслужбы. На одной из «воровских» сходок Литвинку объявили вне закона. Чтобы не быть убитым, Литвинка уехал из Самарской области и появлялся там редко, в основном для того, чтобы совершить очередное заказное убийство «авторитета». Видимо, именно он убил в Самаре в 1998 году Дмитрия Рузляева, а в 1999 — «авторитета» Константина Беркута.

Днем 23 сентября 2000 года Александр Литвинка был убит в Москве в районе дома № 27 по улице Крылатские холмы. Стреляли четыре человека. На месте убийства сотрудниками милиции были обнаружены брошенные два пистолета «Макарова» с глушителями, пистолет-пулемет «Кедр» и пистолет «Иж-Байкал». Там же был найден пистолет «Макарова», принадлежавший убитому. Преступники скрылись с места происшествия на белом автомобиле ВАЗ-2107. Кто именно убрал Литвинку — сотрудники ФСБ или самарские «авторитеты», — остается только догадываться.

Известная «курганская» бригада Александра Солоника (Саши Македонского), состоявшая в основном из бывших и действующих сотрудников российских спецслужб и подразделений, также курировалась спецслужбами, в частности, СБП и ФСБ. «Курганская» группировка появилась в Москве в начале 90-х и была взята под контроль лидером «ореховской» группировки Сергеем Тимофеевым (Сильвестром). Тимофеев являлся агентом МБ-ФСК и плотно общался с бывшим офицером 5-го Управления КГБ СССР Майоровым, позже возглавлявшим одну из охранных структур в Токо-Банке. Майоров регулярно посещал начальника Оперативного управления (ОУ) АТЦ ФСБ генерал-лейтенанта Ивана Кузьмича Миронова, бывшего секретаря партийной организации 5-го Управления КГБ СССР, в чьи непосредственные обязанности теперь входил розыск террористов.

В середине 90-х внутри «ореховской» группировки наметились крупные перемены: у Тимофеева появился соперник — Сергей Буторин (Ося). В сентябре 1994 года Тимофеев был взорван в своем «Мерседесе». Друг за другом исчезли верные Тимофееву люди. Буторин создал собственную группировку, в которую вошли люди из «ореховской», «курганской» и «медведковской» ОПГ. Среди «чистильщиков» находились бойцы спецназов ГРУ, МВД, ВДВ. В окружении Буторина появились действующие сотрудники силовых ведомств, в том числе один подполковник из контрразведки (он был обвинен затем в ряде тяжких преступлений, но позже обвинения были сняты).

К концу 1994 года у «курганцев» четко обозначились лидеры — Колигов, Нелюбин и Игнатов. Слава о «чистильщиках кургана» разносилась по всей России. Одним из самых известных наемных убийц стал Александр Солоник. Однако наиболее активным и опасным убийцей в «курганской» ОПГ был Конахович.

Жестокой была война «курганцев» против «бауманской» ОПГ. Со слов одного из агентов, работавших у «курганцев», во время этой войны погибло несколько десятков членов «бауманской» бригады, причем людей, как правило, похищали, жесточайшим образом пытали (выкалывали глаза, жгли огнем) и только потом убивали. «Бауманских» «курганцы» окрестили «звериной бригадой». По их словам, там было много дагестанцев. Война шла, в частности, за контроль над одной из фирм, продающих американские автомашины. Хитрость состояла в том, что в автопокрышках этих машин из Колумбии переправляли наркотики.

Разработкой «курганцев» занимался 12-й отдел МУРа. Оперативное дело вел Олег Плохих. Два члена «курганской» ОПГ были наконец задержаны и посажены в СИЗО «Матросская тишина». Один из них в беседе с адвокатом сказал, что если к нему применят психотропные средства, он может «расколоться» и все рассказать, а рассказов будет на десяток крупных заказных дел, включая убийство Листьева. Арестованный просил перевести его в Лефортово и обещал начать сотрудничать со следствием, если ему дадут определенные гарантии безопасности, так как на счету «курганских» было множество убийств, в том числе и так называемых воров в законе, за что по неписаным правилам российской тюрьмы была положена смерть.

МУР уже начал готовить перевод обоих арестованных, но не успел. Произошла утечка информации, и «курганцев» в одну ночь убили, хотя они и сидели в разных камерах. А ведь их показания помогли бы раскрыть не одно громкое заказное убийство.

Солоник оказался более удачлив. После задержания он был помещен в специальный корпус тюрьмы «Матросская тишина», откуда ему был организован побег в Грецию.

К разгрому «курганцев» непосредственное отношение мог иметь лидер «коптевской» ОПГ Василий Наумов (Наум), состоявший в агентурном аппарате МВД РФ. В свое время «курганцы» вошли в доверие к «коптевской» ОПГ и, выявив практически все доходные точки соперников, стали убирать их лидеров. Поняв, кто именно их убирает, Наумов сдал «курганцев» 12-му отделу МУРа. Тогда в конфликт вмешалась ФСБ, не заинтересованная в разгроме «курганской» группировки, которую она курировала, а главное — опасающаяся утечки информации и скандала. В ФСБ быстро определили, что информация о «курганских» поступает в МУР через Наумова, плотно общающегося с членами «курганской» группировки. Эта информация была передана «курганцам».

27 января 1997 года Наумов в сопровождении охранявших его бойцов милицейского спецназа «Сатурн» подъехал для встречи с оперативным сотрудником МУРа, у которого он был на связи, к зданию ГУВД на Петровке, 38. По мобильному телефону он вызвал к себе оперуполномоченного и стал ждать в машине. В этот момент к машине Наумова сзади пристроились «Жигули», и находившиеся в них люди расстреляли Наумова. Так «курганцы» дали понять, что в курсе сотрудничества Наумова с МУРом.

Работа агента МВД Наумова не смогла бы привести к разгрому «курганской» бригады, если бы не два дополнительных обстоятельства. Первым было снятие Коржакова с должности руководителя СБП и последующая ликвидация этой структуры. Без под-держки Коржакова «курганцы» стали уязвимы. Вторым — «проплаченный» в центральный аппарат МВД заказ на уничтожение «курганской» группы. Заказ был «проплачен» «бауманскими» бандитами, которые традиционно имели в руководстве МВД хорошие связи и после отставки Коржакова смогли поставить в министерстве вопрос об устранении «курганцев».

Кроме МУРа за «курганцами» охотился еще и Буторин, давший команду на их отстрел. Все спланированные группировкой Буторина убийства проводились на уровне профессиональной спецслужбы, включая буквально поминутный отчет участников операции. Предполагалось собрать костяк «курганских» боевиков (Колигов, Нелюбин, Игнатов и Солоник) в Греции и убить всех разом.

Операция Буторина по устранению группы Солоника проводилась под контролем ФСБ и ГРУ. Наверное, именно поэтому произошла утечка информации, и две недели круглосуточного наблюдения за греческой виллой Солоника были потрачены впустую. Колигов, Нелюбин и Игнатов у Солоника не появились. Тогда двое верных Буторину людей — Саша Солдат и Сережа — получили команду убрать одного Солоника. 2 февраля 1997 года Солдат и Сережа подъехали к дому Солоника, с которым были знакомы, вызвали его и поехали в сторону Афин. По пути сидевший сзади Солдат набросил Солонику на шею удавку и задушил его.

В Грецию тем временем вылетели сотрудники московского РУОПа, получившие от Буторина информацию, что Солоник живет в пригороде Афин в местечке Варибоби. Двигаясь по переданной Буториным схеме, руоповцы 3 февраля 1997 года обнаружили труп Солоника. Прилети они на сутки раньше — могли бы застать его в живых. Но те, кто составлял график операции, знали, кто, куда и когда должен был прилететь.

Потому РУОП и опоздал, что не должен был застать живого Солоника.

В общем, это официальная версия. А что произошло на самом деле мы никогда не узнаем. Четыре аудиокассеты с записью своих воспоминаний Солоник оставил в номерном сейфе в банке на Кипре. В январе 1997 года, за несколько дней до «гибели», он позвонил своему адвокату Валерию Карышеву и попросил его в случае смерти пленки издать. 2 февраля Солоник действительно «ушел из жизни», почему-то прихватив с собой деньги со счета. Из уголовного дела Солоника куда-то делись его отпечатки пальцев. Как сквозь землю провалилась находившаяся с ним в Варибоби подруга.

С достойной адвоката оперативностью Карышев в том же году издал записи Солоника. И было очевидно, что книга, где рассказано многое, но без фамилий, своеобразная страховка Солоника: не ищите, иначе назову фамилии. Кстати, Буторин, объявленный в федеральный розыск «за совершение особо тяжких преступлений», тоже не найден. Говорят, он стал крупным коммерсантом.

Еще одна внештатная спецгруппа — организация полковника ГРУ Валерия Радчикова, руководителя Российского фонда инвалидов войны в Афганистане (РФИВА) — была создана в 1991 году по линии ГРУ. Из тех, кто имел отношение к фонду, 37 человек были убиты и 62 ранены.

В 1994 году в подъезде своего дома был взорван первый руководитель фонда Михаил Лиходей. В октябре 1995 года чудом уцелел сам Радчиков. Он получил шесть пуль, был тяжело ранен, но сумел на машине уйти от убийц. А вот его юрисконсульт и доверенное лицо Дмитрий Матешев в той перестрелке был убит.

10 ноября 1996 года 14 человек были разорваны на куски и 26 искалечены во время взрыва на Котляковском кладбище. Среди погибших была вдова Лиходея Елена Краснолуцкая,

занимавшая пост финансового директора РФИВА, а также друг и преемник Лиходея Сергей Трахиров. В организации взрыва был обвинен Радчиков. 3 сентября 1998 года, когда Радчиков уже сидел в тюрьме, был застрелен его другой помощник — генеральный директор нового афганского фонда Валерий Вуколов.

Все эти годы из фонда расхищались деньги, что для России обычно. Но необычны были размеры хищений. По самым скромным подсчетам речь шла о 200 миллионах долларов. Дело расследовали лучшие силы генеральной прокуратуры во главе со следователем по особо важным делам Даниловым. Ему помогали еще четыре «важняка» и свыше 100 оперативников (всего 180 человек). Но они так и не смогли понять, куда подевались миллионы, похищенные у инвалидов-«афганцев». Самому Радчикову в вину вменялась кража только 2,5 миллиона.

Через несколько дней после ареста Радчикова его заместитель по фонду Валерий Вощевоз, курировавший все финансовые потоки фонда, а во время президентской кампании 1996 года являвшийся доверенным лицом Бориса Ельцина, был спешно отправлен полномочным представителем президента в Амурскую область. Суд над Радчиковым и двумя его подельниками — Михаилом Смуровым и Андреем Анохиным — длился десять месяцев. 17 января 2000 года государственный обвинитель потребовал дать подсудимым соответственно 13, 15 и 10 лет лишения свободы.

Радчиков обвинялся в том, что летом 1996 года задумал убить своего конкурента по «афганскому» движению — председателя РФИВА Сергея Трахирова — и передал для этого своему соседу по дому ветерану Афганистана Андрею Анохину пистолет и не менее 50 тысяч долларов в качестве вознаграждения. Анохин же склонил к соучастию в убийстве за 10 тысяч долларов Михаила Смурова.

Убить Трахирова было не просто. Его повсюду сопровождали телохранители из отряда «Витязь», находящегося в подчинении у С. И. Лысюка, тесно сотрудничавшего с ФСБ. «Герой России» Сергей Иванович Лысюк, создатель и первый командир отряда внутренних войск специального назначения МВД РФ «Витязь», еще старшим лейтенантом был завербован в агентурный аппарат Особого отдела КГБ. Последним сотрудником спецслужбы, у которого Лысюк находился на связи, был начальник отдела военной контрразведки полковник Владимир Евгеньевич Власов, который исключил Лысюка из агентурного аппарата ФСБ (чтобы у того не появился новый куратор) и сделал его так называемым архивным агентом. «Героя России» Лысюк получил за командование отрядом «Витязь» при защите «Останкино» в 1993 году. Именно он отдал приказ открыть огонь по путчистам.

Власов был одним из заместителей Лысюка в возглавляемой последним коммерческой фирме, которая по оперативным данным тренировала наемных убийц, в том числе членов группировки Лазовского.

Итак, заговорщики решили взорвать Трахирова на Котляковском кладбище, на поминках по убитому в 1994 году первому председателю РФИВА Михаилу Лиходею. Удивительно то, что за несколько дней до взрыва у Трахирова сменили охрану. Новая охрана при взрыве погибла. Старые телохранители из «Витязя» уцелели. Можно предположить, что о предстоящем покушении Лысюк мог знать от Власова или каких-то других людей.

18 января завершились судебные слушания по делу о взрыве. Подсудимым было предоставлено последнее слово. Все трое заявили о своей «полной непричастности» к теракту и попросили суд признать их невиновными. Адвокат Радчикова П. Юшин заявил, что дело сфабриковано. 21 января Московский окружной военный суд под председательством

полковника юстиции Владимира Сердюкова оправдал подсудимых за «недоказанностью участия в совершенном преступлении».

Аргументы следствия по делу о взрыве на Котляковском кладбище суд счел неубедительными. Основанием для оправдательного приговора стали результаты судебной экспертизы остатков взрывного устройства, которые выявили существенные расхождения с данными экспертизы, проведенной в ходе следствия. Кроме того, знакомая одного из обвиняемых, Михаила Смурова, на суде неожиданно заявила, что в день взрыва Смуров находился дома и не мог привести в действие взрывное устройство, что ему инкриминировалось следствием.

Валерий Радчиков был также оправдан по делу о хищении из фонда 2,5 миллионов долларов. Все трое были освобождены из-под стражи в зале суда. 25 июля 2000 года генпрокуратура проиграла в Верховном суде ходатайство об отмене оправдательного приговора. Радчиков предполагал вынести спор в Европейский суд. Однако 31 января 2001 года, примерно в 8 часов утра, он погиб в автокатастрофе на 39-м километре Минского шоссе, когда возвращался в Москву на машине марки «Москвич-2141». В тот же день агентство РИА «Новости» передало, что, по мнению правоохранительных органов, его гибель может оказаться не просто несчастным случаем.

Десятки трупов, пропавшие миллионы и ни одного пойманного преступника — для банальной уголовщины вещь статистически невозможная. Не нужно быть Шерлоком Холмсом, чтобы вычислить, кто стоял за этой сложной и, безусловно, успешной игрой, в которой главный герой так вовремя погиб в автокатастрофе.

Глава 9

ФСБ организует заказные убийства

С 1993 года на Лазовского работала «узбекская четверка». Все четверо были русские, родом из Узбекистана. Группа состояла из бывших спецназовцев, которые, по словам начальника 10-го отдела московского РУОПа Виталия Сердюкова, в совершенстве владели всеми видами стрелкового оружия и из подручных предметов могли изготовить мощные бомбы. Специализацией преступников были заказные убийства. По предварительным подсчетам оперативников, на ее счету было около двадцати убийств по контрактам в Москве, Санкт-Петербурге, Липецке, Тамбове, Архангельске и других городах. За спиной убийц стоял некий «генеральный подрядчик», своего рода диспетчер, который принимал заказы. На заказчиков при такой организации работы выйти было практически невозможно. Первым «узбекскую систему» просчитал Цхай.

Проживала «узбекская четверка» в одном из домов на Петровке, рядом со зданием московского ГУВД. Жертвами наемных убийц, видимо, были нескольких нефтяных и алюминиевых магнатов, банкиров и крупных предпринимателей. Не исключено, что на счету «узбекской четверки» убийство вице-губернатора Санкт-Петербурга Михаила Маневича, генерального директора Общественного российского телевидения (ОРТ) Владислава Листьева, председателя республиканского союза предпринимателей Олега Зверева и многих других. Во всяком случае руоповцы утверждали, что четверка по количеству жертв и «качеству» работы шла в сравнение только с «курганской» бригадой. Правда, последние убивали в основном «воров в законе» и «авторитетов» преступного мира.

«Узбекская четверка» и люди Лазовского подозревались в похищении из зала VIP в аэропорту Шереметьево-1 и последующем убийстве российского представителя американской корпорации AIOC Феликса Львова. Фирма Львова соперничала за контроль над Новосибирским электродным заводом, являвшимся основным поставщиком электродов на Красноярский алюминиевый завод, а также за приобретение крупного пакета акций самого Красноярского алюминиевого завода (КрАЗа). В конце 1994 года руководство КрАЗа во главе с гендиректором Юрием Колпаковым подписало контракт с компанией AIOC, тесно сотрудничавшей в Москве с коммерческим банком «Югорский». Президент банка Олег Кантор и его заместитель Вадим Яфясов рассчитывали привлечь КрАЗ в банк в качестве клиента, а затем сделать из него партнера и через переориентацию банка на обслуживание алюминиевых заводов заработать неплохие деньги.

Переговоры продвигались успешно. В марте 1995 года Яфясов был назначен заместителем гендиректора КрАЗа по внешнеэкономическим связям. Попутно Львов, который к тому времени уже сотрудничал с руководством КрАЗа и отвечал за связи с силовыми структурами, добился переключения на АIОС практически всех товарно-сырьевых потоков КрАЗа и вел дело к тому, чтобы американской компании был передан в Управление с последующей продажей 20-процентный пакет акций Ачинского глиноземного комбината — поставщика сырья КрАЗа. 10 апреля 1995 года, за четыре дня до собрания акционеров Ачинского глиноземного комбината, которое должно было переизбрать гендиректора, Яфясов был убит в собственной машине у подъезда своего дома в Москве.

Понятно, что Феликс Львов был этим событием напуган. В конце мая он выступил на слушаниях в Госдуме, где рассказал о незаконных операциях по скупке акций алюминиевых заводов в России и о вовлеченности в этот бизнес узбекской и российской мафий. Но обращение к общественности и власти не помогло. Днем 20 июля, на территории круглосуточно охраняемого подмосковного дачного комплекса, был зарезан президент банка «Югорский» Олег Кантор. В конце июля был дан еще один сигнал: похищен неизвестными и через несколько дней освобожден водитель фирмы «Форвард», принадлежавшей Львову.

6 сентября 1995 года Львов вылетал из Шереметьево-1 в Алма-Ату. Он уже прошел таможенный контроль, когда к нему подошли два сотрудника ФСК, предъявили удостоверения и увели. Позже свидетелями по фотографии (высокий, худощавый, с черными волосами) был опознан один из сотрудников ФСК, задерживавших Львова, боевик Лазовского Леха. Есть основания полагать, что к организации этого похищения кроме Лазовского непосредственное отношение имел Петр Суслов.

8 сентября тело Феликса Львова обнаружили на 107-м километре Волоколамского шоссе с пятью огнестрельными

ранениями, на куче мусора, в пяти метрах от асфальтированной площадки для отдыха. В карманах убитого были найдены 205 тысяч рублей, визитная карточка члена совета директоров «Альфа-банка» и удостоверение сотрудника МИД с фотографией Львова и вымышленной фамилией (к МИДу Львов отношения не имел).

Боевиков «узбекской четверки» поймали случайно. Лидер группировки, по прозвищу Ферганец, попался с фальшивыми документами, когда пересекал таджикско-киргизскую границу. По картотеке было установлено, что Ферганец находится в розыске по подозрению в убийстве Маневича. На допросе Ферганец сообщил, где в Киргизии скрывались остальные члены группы. В середине июля 1998 года сообщники Ферганца были арестованы. В Москву арестованных перевозили с особыми мерами предосторожности. Местонахождение их под арестом никому не сообщалось.

Правда, в убийстве Маневича прокуратура Санкт-Петербурга подозревала еще одну петербургскую группировку, тоже спецназовскую. Возглавляли ее бывший прапорщик 40-летний Владимир Борисов (Прапорщик) и бывший капитан-танкист Юрий Бирюченко (Бирюк). На группировку сотрудникам угрозыска удалось выйти в конце лета 1998 года. 21 августа в двух районах Санкт-Петербурга — Центральном и Красногвардейском — практически одновременно были совершены покушения на двух бригадиров «акуловской» преступной группировки, также бывших офицеров армейского спецназа, Раззувайло и Лося. Первого смертельно ранил из пистолета в подъезде дома на Лиговском проспекте боевик, загримированный под бомжа профессиональными гримерами на Ленфильме. Второго пытались взорвать в автомобиле БМВ на Свердловской набережной Невы, но бомба оказалась недостаточно мощной, Лось выжил и рассказал сыщикам, кто мог стоять за обоими преступлениями.

Борисов и Бирюченко организовали также убийство в Пскове в 1998 году еще одного бригадира «акуловской» группировки — Изморосина. Дело об убийстве двух «авторитетов» и покушении на третьего объединили в одно производство. Для его расследования создали оперативно-следственную группу, которую возглавил старший следователь прокуратуры Вадим Поздняк.

Членами бригады Юрия Бирюченко в основном были бывшие спецназовцы. Тренировки по стрельбе они проводили в тире Петербургского гарнизона, а технике наружного наблюдения и прослушивания телефонных переговоров обучались, как позднее установило следствие, у кадровых сотрудников ГРУ и петербургского УФСБ. Каждый боец Бирюченко был экипирован по последнему слову техники: машина, пейджер, радиотелефон, специальные технические средства. Квартиры и машины боевиков оформлялись на подставных лиц, боевики имели по несколько комплектов документов, носили вымышленные имена и пользовались системой цифровых кодов для общения друг с другом.

Вскоре после неудачного покушения на Лося оперативники задержали Борисова, его ближайшего помощника Сергея Кустова (тренера по восточным единоборствам) и нескольких рядовых боевиков, которые числились менеджерами в Обществе с ограниченной ответственностью «Петровский автоцентр». Бирюченко и членов его команды ловили по всей России — в Пскове, Вологде, Ростове, в деревнях Новгородской области. Сам Бирюченко долгое время скрывался в Праге, где он наконец был арестован с помощью Интерпола и этапирован в Санкт-Петербург.

В большинстве доказанных эпизодов убийства совершались в подъездах домов, причем наемные убийцы использовали самое разное оружие — от пистолетов ТТ и снайперских винтовок СВД до самодельных взрывных устройств на основе пластита. «Зарплата» наемного убийцы в обычное время составляла 200—500 долларов в месяц, а за каждое выполненное задание выплачивалась премия в две тысячи долларов.

Следствие обвинило Борисова, Бирюченко и Кустова в четырех заказных убийствах, бандитизме, вымогательстве и других тяжких преступлениях. Участников группировки подозревали практически во всех громких убийствах, совершенных на территории Санкт-Петербурга и Северо-Запада, начиная с осени 1997 года. В частности, проверялась их возможная причастность к смерти Маневича и к покушению на заместителя начальника РУБОПа Николая Аулова, но доказать их вину не удалось.

Некоторые оперативники, работавшие по этому делу, до сих пор уверены, что им удалось обнаружить лишь верхушку айсберга. В частности, руководитель оперативно-следственной группы Вадим Поздняк заявил, что «если бы нас освободили от других текущих дел, мы бы наверняка подняли еще не один десяток эпизодов преступной деятельности этой банды».

В 1995 году Лазовский создал аналог «узбекской группы», состоящей из ветеранов спецподразделений «Витязь» и «Вымпел»: Кирилла Борисова, Алексея Сукача, награжденного за боевые операции в Чечне орденом Мужества и несколькими значками внутренних войск МВД, Армена Шехояна и Павла Смирнова. Группа проработала четыре года. «Подрядчиком» группы был, судя по всему, Марат Васильев.

В 1999 году Васильев был арестован и осужден на 13 лет колонии строгого режима за убийство в 1993 году Алиева, владельца торгового ряда на Люблинском рынке (это единственное преступление, за которое был осужден Васильев). Осенью 2000 года был задержан Борисов, затем и остальные спецназовцы: Шехоян, Смирнов и Сукач. В квартире последнего нашли арсенал группировки: семь автоматов, десять пистолетов Макарова, два пистолета CZ MOD-83 чешского производства и немецкий револьвер Rohm. Суд над арестованными начался в Москве в апреле 2001 года. Ни в одном из вменяемых им преступлений подсудимые не сознались. Вопрос о возможной причастности их или Лазовского к терактам в Москве в сентябре 1999 года следствие и прокуратура не поднимали. Супруненко учел печальный опыт своего предшественника Владимира Цхая и решил не давать ФСБ повода к своему устранению.

«Вымпеловцам» вменялись в вину чисто уголовные преступления. Так, прокуратура утверждала, что 21 мая 1996 года Марат Васильев предложил Борисову и Сукачу «разобраться» с владельцами кафе-шашлычной «Усадьба», расположенном на 36-м километре московской кольцевой дороги. В три часа ночи боевики приехали к шашлычной, облили ее бензином и подожгли. Выбежавших из горящего заведения владельцев кафе Газаряна и Дуляна обстреляли из пистолетов (стреляли над головами, для острастки).

23 сентября 1996 года был убит глава итальянской фирмы «Dimex» Дмитрий Наумов. Он продавал за границей нефтепродукты чеченцев и присвоил значительную часть выручки. В России Наумов, известный также под прозвищем Бендер, появлялся довольно редко, — получив двойное гражданство, он проводил большую часть времени в Италии. В мае 1996 года он приехал по делам в Москву и остановился в гостинице «Балчуг-Кемпински». Здесь его впервые увидели Борисов и Сукач.

23 сентября Наумов снова появился в Москве и остановился в «Тверской». Около шести вечера Сукач, находившийся в это время на Триумфальной площади, у станции метро «Маяковская», получил от посредника два пистолета ТТ с глушителями, которые затем передал Борисову. Исполнителя в «Жигулях», за рулем которых сидел Павел Смирнов, привезли к гостинице. Борисов поднялся на четвертый этаж, в холле

наткнулся на Наумова и открыл огонь одновременно из двух «стволов». Все пять выпущенных им пуль попали в голову жертве. Выходя из отеля, Борисов сказал охраннику: «У вас там людей расстреливают, а вы тут спите». Охранник бросился наверх, а Борисов сел в «Жигули» и уехал. Через пару дней участники убийства были уже в Чечне.

Вскоре группа вернулась в Москву и 11 июля 1997 года по указанию Марата Васильева убила гендиректора фирмы «Harley Enterprises» Александра Байрамова, занимавшегося поставками в Россию сигарет на льготной основе. Бизнесмен не захотел поделиться прибылью от последней сделки, которая принесла ему 8 млн долларов. В 1-м Красногвардейском проезде одна из машин «вымпеловцев» подрезала «Мерседес» Байрамова так, чтобы он врезался в другой автомобиль (с убийцами). Когда участники столкновения вышли из машин, Борисов и Шехоян буквально изрешетили Байрамова (у Сукача пистолет заклинило).

Группа снова на время уехала в Чечню. В мае 1998 года она вернулась в Москву для выполнения еще одного заказа: убийства гендиректора фирмы «Ветер века» Александра Редько, числившегося помощником депутата Госдумы от ЛДПР Алексея Зуева. 18 июня убийцы приехали к гаражам на улице Кравченко и стали поджидать жертву. Когда предприниматель вывел машину и пошел закрывать гараж, Борисов и Сукач открыли огонь. Охранники Редько организовали погоню, но догнать бывших спецназовцев не смогли. Редько был тяжело ранен, но выжил.

25 июня 1998 года был убит глава администрации Нефтеюганска Петухов. Оперативная информация, полученная в рамках дела оперативной разработки (ДОР) под многоговорящим кодовым названием «Хищники», привела оперативников к выводу, что убийство было заказано Сусловым и проведено Лазовским.

23 августа 1998 года Борисовым и Сукачом за кражу у Сукача большой партии наркотиков был убит член группировки Лазовского Дмитрий Заикин. В час ночи Сукач вывез Заикина на «Волге» в Марьино и застрелил прямо в машине. Затем Сукач и Борисов отвезли труп на пустырь Верхних полей, расчленили его лопатой и закопали, а голову выбросили в Москва-реку.

В 1998 году начинает работу спецгруппа Морева. История ее создания банальна. Морев служил в Чечне, в отдельном разведбатальоне 8-го полка спецназа ВДВ (воинская часть 3866). Под Аргуном разведчики напоролись на засаду. В живых остались трое. Их спасли вертолеты. Через несколько дней эти трое отправились в аул Свободный, расположенный рядом. Разведчики открывали двери домов и бросали внутрь гранаты. Аул из пяти домов был уничтожен полностью, вместе с женщинами, детьми и стариками. Военная прокуратура возбудила уголовное дело. Всем троим грозил трибунал. Вот тогда, в апреле 1996 года, в спецотделе, куда привели Андрея Морева, его завербовал полковник ФСБ. Он предложил Мореву сделать простой выбор: либо сесть, либо сотрудничать. Морев выбрал второе и получил агентурную кличку Ярослав. Уволившись в запас, Морев отправился домой, в Ярославль. Два года о нем не вспоминали. В 1998 году вспомнили и вызвали в Москву.

В спецгруппе было двенадцать человек, все прошли Чечню, за всеми числились прощенные в обмен на сотрудничество грехи. Группе сообщили, что ее главная задача — ликвидация особо опасных преступников, криминальных «авторитетов». Команда работала не только в России. Выезжали в командировки — в Ирак, Югославию, Украину, Молдавию. На спецзадания всегда отправлялись группами из двух-трех человек. В Ираке ликвидировали бывшего разведчика, то ли из СВР, то ли из ГРУ.

На Украине ликвидировали местного бизнесмена по фамилии Тищенко. В Киев группа прилетела самолетом. Фотографию Тищенко выдали еще в Москве. Там же боевики получили информацию об адресе конспиративной квартиры на центральном проспекте в Киеве, марке и номере машины жертвы. В камере хранения железнодорожного вокзала из ячейки, номер и код которой были даны тоже в Москве, взяли сумку с оружием. Это была разобранная снайперская винтовка СВД. Квартира в Киеве была пустой. Окнами она выходила на перекресток со светофором. Тищенко всегда ездил по одному и тому же маршруту, и его машина часто останавливалась на этом перекрестке. Там его и застрелили — из окна квартиры. Операция заняла один день.

На ликвидацию обычно отводилось не более двух дней, хотя период подготовки мог длиться до года: уточнялись маршруты движения объекта, адреса, знакомства, привычки, график работы. За два дня до часа «Х» наемный убийца получал информацию о жертве и приезжал на все подготовленное, чтобы поставить точку. Так, ярославского «авторитета» по уголовной кличке Перелом расстреляли из автоматов в центре города, когда тот подъехал к своему дому. Группа работала прицельно, чтобы не пострадали сидящие в машине подруги бандитов. Автоматы бросили на «точке» вместе с удостоверением на имя некоего чеченца (идея направить следствие по «чеченскому следу» родилась у московских кураторов операции). Последняя операция группы по устранению объекта была 2 июня, когда в Воронеже убирали местного милиционера. Группа вывела из строя тормоза его машины, и милиционер на скорости врезался в специально подставленный грузовик.

На инструктаж группа собиралась раз в неделю, по субботам, в московской квартире по адресу улица Вагоноремонтная, д. 5, корп. 1 (в квартире жила женщина с ребенком).

Здесь группу встречал куратор — офицер ФСБ по имени Вячеслав (фамилии своей ни разу не называл). От него группа получала задания. У всех членов спецгруппы были «документы прикрытия» с фальшивыми фамилиями. Так, у Морева было три паспорта (Расторгуев Андрей Алексеевич, Козлов Михаил Васильевич, Зимин Александр Сергеевич). На последнюю фамилию был выдан и загранпаспорт.

Спецгруппа не числилась в штате силовых ведомств или спецсил. Иными словами, формально она не существовала. Нештатная спецкоманда работала высокопрофессионально. За два года работы был только один срыв из-за того, что в Москве объект (один из помощников Геннадия Зюганова) не появился на точке. И один отбой — в Кишиневе, когда нужно было по команде людей из ФАПСИ убрать директора местного винзавода, но в последнюю минуту операцию отменили (по странному стечению обстоятельств именно прапорщики ФАПСИ в Москве в свободное от службы время подрабатывали в охране одной из фирм, занимающихся поставкой вина из Молдавии, о чем был поставлен в известность начальник службы безопасности ФАПСИ).

Несколько раз спецгруппа вывозила оружие из Чечни. Инструктаж перед такими командировками проходил не в квартире на Вагоноремонтной, а на Петровке, 38, в здании Московского уголовного розыска. Перед отправкой группа получала милицейскую форму и соответствующие удостоверения. Типична одна из таких поездок. На грузовых фургонах «Газель» через Волгоград добрались до Моздока; там на подъезде к городу колонну ждал армейский КамАЗ с оружием (автоматы, снайперские винтовки СВД и тротил). Все это выгрузили из зеленых армейских ящиков и запаяли в цинковые гробы, как если бы везли трупы. Потом колонна «Газелей» «с грузом 200» отправилась в Москву. Сопровождали колонну сотрудники ФСБ, поэтому неожиданностей в пути не было.

Разгрузка производилась в 9-м микрорайоне Солнцева. Там же у спецгруппы забрали милицейскую форму и удостоверения, раздали премии. Вся командировка заняла две недели. В зависимости от количества привезенного оружия каждому участнику за такую поездку выдавали от 700 до 2000 долларов.

Последняя операция группы по переброске оружия состоялась в первой половине августа 2000 года. В этот период у спецкоманды начались проблемы. Сначала исчезли несколько членов группы. Потом в Волге утонул еще один. В июне прямо в машине сгорели Геннадий Чугунов, Михаил Васильев и Сергей Тарасев (имена и фамилии подлинные). Морев ехал в тех же «Жигулях», но вышел раньше, так как у него была назначена встреча с двоюродным братом. Перед поездкой «Жигули» простояли некоторое время на автостоянке Петровки, 38.

Узнав о гибели товарищей, Морев, сделав для страховки видеозапись своих показаний и раскидав пленки по нескольким адресам, бежал из Москвы. Тогда он был объявлен в федеральный розыск за вывоз оружия из Чечни и за покушение на убийство. Теперь Морев скитается по России и не спит в одном месте более двух ночей подряд. В отличие от своих товарищей, он жив.

В убийстве 20 ноября 1998 года в Санкт-Петербурге депутата Госдумы, лидера движения «Демократический выбор России» (ДВР) Галины Старовойтовой и ранении ее помощника Руслана Линькова также были замешаны спецслужбы. Если пистолет-пулемет Agran-2000 и Beretta, из которых была убита Старовойтова, преступники бросили на месте убийства, то пистолет USP, из которого ранили в голову Линькова, они почему-то унесли с собой. В ноябре 1999 года в Латвии был арестован бывший боец советского рижского ОМОНа Константин Никулин. При обыске у него был обнаружен 9-миллиметровый пистолет, из которого, как показала экспертиза, был тяжело ранен Линьков.

Однако Санкт-Петербургское УФСБ отказалось принять эту версию. По словам пресс-секретаря УФСБ А. Вострецова, «на сегодняшний день нет сведений об участии Никулина в этом деле». Взамен следственные органы выдвинули экономическую версию убийства Старовойтовой. Суть этой версии была в том, что за несколько дней до убийства в столичном офисе ДВР прошло собрание спонсоров объединения, которые выделили на проведение выборов в законодательное собрание Санкт-Петербурга 890 тысяч долларов. В ФСБ утверждали, что деньги были переданы Старовойтовой, о чем она написала расписку, положенную в сейф штаб-квартиры ДВР. Правда, расписку эту никто не видел, так как через неделю после убийства офис ДВР ограбили и расписка Старовойтовой исчезла. В ДВР версию об убийстве с целью ограбления с самого начала отвергали.

Глава 10

Спецслужбы и похищения людей

Общеизвестно, что похищениями заложников в надежде на выкуп занимаются главным образом чеченские бандиты. О том, насколько непростой является работа по освобождению заложников, можно судить по известному случаю похищения Магомета Келигова, 1955 года рождения. Келигов был похищен 15 сентября 1998 года в городе Малгобеке чеченской преступной группировкой из Урус-Мартана, возглавляемой Ризваном Вараевым. Наводчиком и организатором преступления был сосед Келигова — житель города Малгобек. Похитители считали, что их не установят, и стали направлять к Келиговым посредников, которые передали требование об уплате выкупа в сумме пяти миллионов долларов. Келиговы платить отказались. Наводчик вскоре был изобличен и заключен под стражу. Был установлен полный состав группировки Вараева. Тогда Вараев открыто признал, что Магомет Келигов находится у него в заложниках и потребовал выкупа.

Семья похищенного твердо решила выкупа не платить (наверно, таких денег просто не было). Более того, на деньги семьи Келиговых (и с участием мужчин — членов семьи) государственное спецподразделение по борьбе с похищениями людей подготовило операцию по захвату и уничтожению банды Вараева. 22 июля 1999 года в 14 часов Келиговы и сотрудники спецподразделения устроили засаду возвращавшимся на трех автомобилях из села Гойское в Урус-Мартан членам банды. В течение 20-минутного боя колонна была расстреляна из автоматов и гранатометов. Было убито семь членов банды, ранено пять. Забрав с собой труп Аслана Вараева и тяжелораненого Ризвана Вараева, Келиговы и сотрудники спецподразделения прибыли в Ингушетию. Ризван вскоре скончался. Несмотря на это Келиговы объявили, что братья Вараевы ранены и могут быть обменены на Магомета Келигова. Во время дальнейших переговоров с представителями банды Вараева Келиговым пришлось признать, что братья Вараевы убиты. Тем не менее бандиты согласились обменять Магомета Келигова на трупы братьев Вараевых. Обмен состоялся 31 августа 1999 года в 17 часов дня на административной границе с Чеченской республикой в районе села Аки-Юрт. Магомет пробыл в заложниках почти год.

Вараевым неповезло. Куда удачнее оказались другие известные чеченские похитители людей: Арби Бараев из Алханкалы (Ермоловки), Резван Читигов, Апти Абитаев, Идрис Межицов (Абдул-Малик), Аслан Гачаев (Абдулла) и другие. Как и в случае с другими преступными спецгруппами, здесь тоже не обходится без обвинений, что к похищениям людей в Чечне причастны спецслужбы. Серьезные улики имелись в отношении Арби Бараева.

По мнению Руслана Юсупова, чеченца, бывшего офицера советской, а затем российской армии, являющегося завербованным сотрудником ФСБ в Чечне, Бараев, безусловно, работал на российские спецслужбы, которые, в свою очередь, оберегали Бараева и его людей.

Так, в середине июля 2000 года к Юсупову обратился Магомет С. — его бывший одноклассник. Магомет сообщил, что хотел бы связаться с ФСБ и передать информацию по Бараеву. Именно Бараев, как по крайней мере считал Магомет, был ответственен за захват в Чечне десятков заложников, в том числе сотрудников ФСБ, представителя президента России в Чечне Валентина Власова, журналистов ОРТ и НТВ. Бараев был также причастен к убийству сотрудников Красного креста, трех граждан Великобритании и новозеландца.

Договорились, что за 25 тысяч долларов Магомет в ближайшие 20 дней выведет ФСБ на точное место встречи Бараева с чеченскими полевыми командирами. Как связаться с Юсуповым и с заместителем начальника районного отдела ФСБ, Магомету объяснили.

Через пять дней состоялась новая встреча заместителя начальника районного отдела ФСБ с Магометом. На эту встречу, под гарантии ФСБ, Магомет привез одного из самых близких Бараеву людей — Аслаханова. Последний находился в федеральном розыске и в розыске Интерпола за участие в казни англичан и новозеландца, за похищение поляков, захваченных в Дагестане, фотокорреспондента Яцины и солдатских матерей, искавших в Чечне своих сыновей. По Чечне Аслаханов передвигался, имея в кармане удостоверение чеченского МВД на имя Саралиева. Во время переговоров с ФСБ условия сделки были изменены. Магомет, сам бывший боевик, и Аслаханов соглашались сдать Бараева без денег, в обмен на амнистию.

Вскоре Аслаханов сообщил о предстоящей встрече Бараева с полевыми командирами Цагараевым и Ахмадовым в Грозном, на химзаводе. За четыре часа до встречи Юсупов получил подтверждающую информацию, которая была доложена начальнику районного отдела ФСБ. Встреча Бараева, Цагараева и Ахмадова состоялась в назначенное время. Но ФСБ операции по задержанию проводить не стала. Когда Юсупов начал выяснять у заместителя начальника отдела ФСБ, почему операцию по захвату отменили, тот ответил: «Если я буду лезть выше, голову снимут и с меня и с тебя. Мы здесь только пешки, мы ничего не решаем».

Еще через пару дней Аслаханов сообщил, что они с Магометом вынуждены бежать, так как людям Бараева все стало известно. Юсупов немедленно связался с районным руководством ФСБ и договорился о встрече. Когда Магомет и Аслаханов прибыли в условленное место в соседний районный центр, вместо сотрудников ФСБ их ждали боевики, расстрелявшие их прямо на улице. В тот же день на автобусной остановке неизвестные захватили жену Юсупова и ее сестру и отвезли их в здание республиканского ОМОНа, где сообщили милиционерам, что «у этих гулящих мужики работают на русских». Женщины плакали, объясняли, что они замужем. Но за них никто не заступился. Похитители увезли их на какой-то заброшенный двор, избили до полусмерти и изнасиловали.

Юсупов обратился в уголовный розыск Ленинского района Грозного с просьбой найти владельцев белой «шестерки» 023 ВАЗ 21-26, на которой передвигались похитители. В угрозыске Юсупову сообщили, что люди эти в Грозном не проживают и их никто не знает. Вскоре Юсупов установил, что похитители — из отряда Бараева, бывшие сотрудники чеченского ОМОНа, уроженцы Ачхой-Мартана, что на их счету много преступлений, но, поскольку они люди Бараева, их не ищут.

Спустя неделю к Юсупову явились двое чеченцев из республиканской ФСБ и русский, сотрудник ГРУ. Заявив, что Аслаханова убили из-за Юсупова, они избили Юсупова на глазах жены и детей, после чего отвезли его в соседний район в частный дом. Через час туда же прибыли двое боевиков Бараева. По тем вопросам, которые они задавали Юсупову, стало ясно, что все присутствующие в курсе работы Юсупова на ФСБ. Так как Юсупов сотрудничество с ФСБ отрицал, его начали избивать. Били чеченцы из ФСБ. На следующий день Юсупова привезли в Грозный и выкинули в развалинах. Через два дня вместе с семьей Юсупов покинул Грозный.

У чеченцев в ходу была шутка: «На каждый квадратный метр в Чечне приходится три с половиной БТРа, десять спецслужб и один чеченец». И еще одна: уберите от нас агентуру ГРУ, ФСБ и МВД — и наступит мир. Кто, на какую российскую спецслужбу работает — угадать трудно. Ходили упорные слухи, что на российские спецслужбы работал не только Арби Бараев, но и братья Ахмадовы из Урус-Мартана. По рассказам местных жителей братья Ахмадовы и Арби Бараев до последнего времени проживали в своих домах. Во время второй чеченской войны Бараев дважды в своем доме в Алханкале шумно справлял свадьбы. Ахмадовы и Бараев спокойно передвигались по республике на собственных автомобилях и не испытывали затруднений на блокпостах при проверке документов. Рядовые на блокпостах Бараеву отдавали честь. Летом 2000 года стало известно, что братья Ахмадовы имеют на руках удостоверения сотрудников ФСБ. Возможно, именно за утечку информации и рассекречивание агентов уволили уполномоченного УФСБ по Урус-Мартановскому району Юнуса Магомадова.

Бараев был причастен к работе ФСБ по печатанию в Чечне фальшивых долларов. С началом чеченской кампании печатание фальшивых долларов было перенесено на чеченскую территорию, поскольку в случае огласки или обнаружения типографий ответственность за преступление падала на чеченское руководство. Одна из типографий Бараева была обнаружена в апреле 2000 года (дом, в котором находилась типография, принадлежал его родственникам). Через Ингушетию доллары завозились в центральные регионы России и обменивались по курсу 30—35 центов за один фальшивый доллар.

Фальшивки были высокого качества; выявить их с помощью детекторов валюты в пунктах обмена было практически невозможно — для этого требовалось спецоборудование, имеющееся только в банках. Большая часть вырученных денег пускалась на зарплаты боевикам, закупку оружия и боеприпасов. Фальшивые доллары имели хождение и за пределами России. Считается, что за последние несколько лет могло быть пущено в оборот до десяти миллиардов фальшивых долларов, т.е. примерно по 10 тысяч поддельных долларов на каждого чеченца. Предположить, что за этим стоял один Бараев, очень сложно. Скорее Бараев использовался как прикрытие для организованного ФСБ бизнеса по изготовлению фальшивок.

Дипломатичные, но абсолютно однозначные намеки на сотрудничество Бараева с ФСБ во время пресс-конференции 6 июня 2000 года сделал президент Ингушетии Руслан Аушев. На вопрос о том, кто виновен в недавнем нападении на колонну войск в Ингушетии, Аушев ответил:

> «На колонну в Ингушетии нападал отряд Арби Бараева. Кстати, я не могу одну вещь понять: Арби Бараев дислоцируется в поселке Ермоловка, вы знаете, кто в Грозном был из вас, что это почти пригород. Он находится там, по-моему, в пятый раз женился. Все нормально — он находится там, все знают, где он находится. Надо, мне кажется, как-то энергичнее

действовать объединенной группировке, тем более Бараев нападает на колонны. [...] Я знаю, что Арби Бараев, по моим данным, находится в Ермоловке, которую... ну, никаких нет проблем, это решить. Я говорю, он недавно еще очередной раз женился. [...] И наше Управление Федеральной службы безопасности об этом знает. Это все знают».

Депутат Думы, известный правозащитник Сергей Ковалев был более откровенен:

«Возьмем одного из самых главных торговцев людьми, Арби Бараева, это такой молодой мерзавец, вероятно, довольно смелый. Уж забудем, что на Северном Кавказе абсолютно все говорят: „Арби Бараев? Так это же агент КГБ!" Ладно, это уверенные предположения, но их не проверишь. Но вот вам несколько загадок. Несколько месяцев назад всем было известно, что он живет недалеко от Грозного, в деревне Ермоловке. Он там женился в энный раз, как позволяет ислам, и жил с молодой женой. Коменданта федеральных войск спрашивают: „Почему вы не берете Бараева?" Он с армейской наивностью отвечает: „Скажут — мы его возьмем". А почему не говорят?! [...] Мы встречались с чеченскими парламентариями. Один из них, очень солидный и уважаемый человек, рассказал, что его родственник, недавно спустившись с гор, пришел в Ермоловку. А тут началась так называемая зачистка. А у него документы не в порядке — как быть? Ему доброжелатели говорят: „Иди в дом Бараева, там тебя никто не тронет». Он пошел в дом Бараева, и зачистка его не коснулась"».

Видимо, через ГРУ или МУР была организована утечка информации в прессу, указывающая на то, что покровителями Ахмадовых и Бараева в Москве являются люди, занимающие высокое должностное положение. Ряд московских газет опубликовал материалы о том, что в августе 2000 года Бараев был в Москве и останавливался в доме на Кутузовском проспекте. Было установлено, что Бараев встречался с рядом высокопоставленных российских чиновников. Как указывалось, в числе машин, подъезжавших к подъезду с «нехорошей квартирой», была машина с номером руководителя администрации президента РФ Александра Волошина.

Возможно, заявление президента Аушева и скандальные публикации о нахождении Бараева в Москве стали последней каплей в пользу аргументации сторонников ликвидации Бараева. Подробности его гибели до сих пор неясны. Предположительно, он был убит в период между 22 и 24 июня 2001 года в своем родном селении Алханкалы в ходе операции, проводившейся, по одним сведениям, сводным отрядом МВД и ФСБ, по другим — спецотрядом ГРУ, сформированным из лиц чеченской национальности. А по информации депутата Госдумы от Чечни генерала МВД Асланбека Аслаханова, Бараева убили кровники, т.е. те, чьих родственников убил Бараев.

Показания живого Бараева были невыгодны целому ряду высокопоставленных чиновников, сотрудников спецслужб и военных. Поэтому живой Бараев, могущий многое рассказать и на многое пролить свет, никому нужен не был. А на мертвого Бараева можно будет сейчас списывать и списывать...

Если Бараев был самым известным похитителем, то журналист радиостанции «Свобода» Андрей Бабицкий был одним из самых нестандартных похищенных. Несмотря на очевидное отличие дела Бабицкого от остальных случаев кражи людей, оно стало новым доказательством причастности российских спецслужб к похищениям.

После начала второй чеченской войны военные власти в Моздоке не дали Бабицкому аккредитации. Требование наличия ведомственной аккредитации было незаконно, так как в Чечне не было введено чрезвычайное положение и не была определена зона «антитеррористической» операции. Согласно постановлению Конституционного суда РФ неопубликованные акты российского правительства или военных ведомств, если они затрагивают права и свободы граждан, считались недействительными. Основываясь на этом понимании российских законов, корреспондент радио «Свобода», российский гражданин Андрей Бабицкий поехал в Чечню в обход ведомственного запрета. В конце декабря 1999 года он на несколько дней вернулся из Грозного в Москву и привез видеокадры, показанные затем в программе НТВ «Итоги». 27 декабря он возвратился в Грозный, а 15 января 2000 года снова собрался в Москву.

16 января на выезде из Грозного, возле Урус-Мартановского перекрестка трассы Ростов—Баку, Бабицкого и его проводника-чеченца задержал блокпост пензенского ОМОНа. В постановлении следователя генпрокуратуры сообщалось, что именно сотрудник УФСБ проводил досмотр Бабицкого и изъятие его вещей. Таким образом, было документально подтверждено, что Бабицкого задерживало УФСБ. Затем Бабицкого передали в чеченский ОМОН Б. Гантамирова, где его лично избивал один из гантамировских командиров — Лом-Али, после чего передал Бабицкого начальнику Управления ФСБ Фомину в Урус-Мартан.

Формально Бабицкого арестовали по указу о бродяжничестве и «для установления личности» отправили в фильтрационный лагерь в Чернокозово. Там Бабицкого снова били, под пытками заставляли часами петь. На показанной 5 февраля по телевидению видеопленке отчетливо были видны следы побоев. Вопреки Уголовно-процессуальному кодексу в Чернокозове не был составлен протокол задержания Бабицкого. Ему не было предоставлено право на свидание с родственниками и на встречу с адвокатом (согласно 96-й статье, части 6-й УПК). На запросы адвокатов, в том числе известного адвоката Генри Резника, генеральная прокуратура России не отвечала. Не было ответа и на запрос о Бабицком депутата Думы Сергея Юшенкова.

Коллеги начали искать Бабицкого 20 января. Но, поскольку российские власти отрицали, что он задержан, целую неделю не было ясности. 27 января власти объявили, что Бабицкий арестован, имеет статус подозреваемого и задержан на 10 дней (которые истекли 26 января). Прокуратура планировала предъявить Бабицкому обвинение по 208-й статье УК РФ (Организация незаконного вооруженного формирования или участие в нем). «Если твой друг у наших, а я думаю, что это именно так, то все, кранты, его ты больше не увидишь. И никто не увидит. Уж прости за прямоту», — сказал корреспонденту «Комсомольской правды» Александру Евтушенко старый знакомый, офицер ФСБ.

2 февраля в Чернокозове для Бабицкого была принята передача. Однако встретиться с ним следователь Юрий Чернявский не разрешил, намекнув, что Бабицкого через четыре дня освободят. Освобождения журналиста требовали радио «Свобода», Совет Европы, госдепартамент США, Союз журналистов, правозащитники (в том числе вдова А. Д. Сахарова Елена Боннэр). Министр иностранных дел Игорь Иванов на переговорах с госсекретарем США Олбрайт объявил, что дело находится «под контролем» и. о. президента Путина.

В 16.00 2 февраля прокурор Наурского района Чечни Виталий Ткачев сообщил, что мера пресечения Бабицкому изменена на подписку о невыезде из Москвы, куда он вот-вот должен быть отправлен из Гудермеса. Позже пресс-секретарь прокуратуры РФ по Северному Кавказу Сергей Прокопов объявил, что Бабицкий 2 февраля был освобожден. (Только позже стало известно, что Бабицкий освобожден не был и ночь со 2 на 3 февраля провел в автозаке — машине для перевозки арестованных). На следующий день, в 3 часа дня, не сильно смущающийся Ястржембский объявил об обмене «освобожденного» Бабицкого на трех военнопленных. Потом поправился, что на двух.

Так как на Бабицком была рубашка, переданная в Чернокозово 2 февраля, можно было сделать вывод, что Бабицкого передали 3-го. Никто в Чечне не знал «чеченских полевых командиров», которым, по сообщению Москвы, передали Бабицкого в обмен на «пленных российских военнослужащих». Президент Чечни Масхадов заявил, что не знает, где находится Бабицкий. Да и «обмененных» российских военных никто не видел.

На самом деле все участники обмена, за исключением Бабицкого, были сотрудниками ФСБ. Один — работающий на ФСБ чеченец — помог обмануть Бабицкого, а когда Бабицкий все понял, было уже поздно. Вечером 8 февраля в интервью НТВ заместитель министра внутренних дел Иван Голубев сообщил, что это он принял решение об обмене Бабицкого. Другой чиновник убеждал журналистов, что «обмен», наоборот, местная инициатива и что Кремль разбирается, кто виноват в случившемся, так как «дело Бабицкого» работает против Путина.

Официальные представители правительства утверждали, что Бабицкий жив, и завтра в Москву придет доказывающая это видеопленка. Действительно, вечером 8 февраля, даже раньше обещанного срока, на «Свободу» неизвестными была передана кассета. Один из «чеченцев», передававший ее и якобы приехавший из Чечни, был в форме сотрудника МВД. На пленке — измученный Бабицкий.

Журналисты анализировали пленку, говорили, что чеченцы не берут за руку так, как взяли Бабицкого, что это милицейский жест. Собственно, фальсификацию не скрывали и сотрудники ФСБ, участвовавшие в «обмене». Один из них — в отделе ФСБ отмечали годовщину вывода советских войск из Афганистана — признался Александру Евтушенко: «Ты же видел бойцов в масках. И того, кто прихватил Бабицкого. По телевизору показывали. Так то я же и был».

Территория, на которой производился «обмен», — недалеко от полностью контролируемого федеральными войсками Шали, рядом с селением Нескер-Юрт, которое также контролировалось федералами. Там стояли блокпосты, проезжали БТРы, там находились солдаты федеральных сил. Люди в масках куда-то повели Бабицкого, оставили его затем на дороге. В кармане оказался чужой паспорт, выданный ему похитителями.

А еще через какое-то время Бабицкий был арестован бравой милицией. При нем был обнаружен паспорт на чужую фамилию. И он был привлечен к ответственности за использование подложного документа. То, что Бабицкого похитили, арестовали, избивали и пытали, — генпрокуратуру почему-то не волновало. А вот использование полуживым человеком чужого паспорта оказалось преступлением. Этот паспорт стал основной уликой в деле Бабицкого.

За всем этим, конечно же, стояла уверенность вовлеченных в дело Бабицкого сотрудников силовых ведомств и чиновников в абсолютной безнаказанности, а безнаказанность эта основывалась на том, что санкция на устранение Бабицкого была получена от руководства ФСБ.

На чеченской войне спецслужбы расправлялись с врагами без оглядки на закон. Странная история с похищением в Чечне 9 января 2001 года в районе селения Старые Атаги представителя американской благотворительной медицинской организации Кеннета Глака слишком многих навела на мысль о том, что Глак был похищен российскими спецслужбами. 18 апреля 2001 года на пресс-конференции в Санкт-Петербурге в присутствии Патрушева Зданович дал понять, что ФСБ в работе Глака в Чечне заинтересована не была: «У ФСБ, мягко говоря, большие сомнения и в том, что Кеннет Глак являлся на самом деле представителем гуманитарной организации». После этого Зданович рассказал, что на ЦРУ в Чечне работает известный полевой командир и торговец людьми Резван Читигов.

Стало ясно, что ФСБ считает Глака сотрудником ЦРУ, занимающимся шпионажем в пользу США. Видимо, именно по этой причине ФСБ решила выдворить Глака с территории Чеченской республики. Сначала Глак был украден; затем, 4 февраля, было инсценировано его освобождение: «без всяких условий и выкупа в результате спецоперации, проведенной сотрудниками ФСБ».

Абсолютно всем было понятно, что спецоперация по освобождению Глака не проводилась, что он был просто отпущен похитителями, решившими его не убивать. После случая с Бабицким ФСБ перестала конспирироваться, так как уверовала в абсолютную безнаказанность. Случай с Глаком был столь же очевиден. Всему миру было понятно, что Глака похитила ФСБ. «Поэтому и вся история с захватом и освобождением Глака была такой странной», — заявил Зданович на одной из пресс-конференций. С ним трудно не согласиться. Когда одна и та же структура крадет и освобождает, это действительно выглядит странно.

На этом фоне почти естественной и законной выглядит история о похищении сотрудниками ГРУ бывшего председателя парламента Чечни Руслана Алихаджиева. Будучи известным полевым командиром в первую чеченскую войну, он не участвовал в боевых действиях 1999—2000 годов. В середине мая 2000 года Алихаджиев был задержан в собственном доме в Шали. По словам местных жителей, задержание осуществили сотрудники ГРУ генштаба, которые доставили бывшего спикера в Аргун, где его следы потерялись.

После 15 мая Алихаджиева не видел даже его адвокат Абдулла Хамзаев. Он рассказывал, что неоднократно запрашивал различные инстанции о судьбе своего подзащитного, но встретиться с ним не сумел. Из прокуратуры Чеченской республики пришла информация, что по факту исчезновения Алихаджиева возбуждено уголовное дело по ст. 126 УК РФ (похищение человека). При этом уголовного дела против Алихаджиева прокуратура не возбуждала и, следовательно, не санкционировала его задержания. В МВД о судьбе Алихаджиева ничего не знали. 8 июня 2000 года Хамзаев получил справку из ФСБ о том, что Алихаджиев в СИЗО ФСБ Лефортово не содержится. Из генпрокуратуры Хамзаев ответа на свой запрос не получил. Наконец, 3 сентября 2000 года радиостанция «Эхо Москвы» сообщила, что Алихаджаев скончался от инфаркта в Лефортово и что семья Алихаджиева уже получила официальное извещение о его смерти.

Похищения чеченцев в Чечне федеральными силовыми ведомствами ради наказания, выкупа или убийства — почти что служебный долг. Милиция Октябрьского временного отдела внутренних дел Грозного во главе с полковником Суховым и майором В. В. Ивановским подозревалась журналистами и общественными деятелями в похищении и убийстве примерно 120 жителей Грозного и других районов Чечни. Предположительно, трупы сбрасывались в подвал здания, находившегося на охраняемой территории Октябрьского временного отдела внутренних дел (ВОВД). Позже здание было взорвано самими милиционерами для сокрытия следов преступлений.

Организация «зачисток» ради похищения чеченцев и получения выкупа за освобождение задержанных стала обыденным явлением, буднями войны. Известны случаи продажи российскими офицерами в рабство чеченским бандитам российских солдат, объявляемых затем дезертирами.

Война в Чечне обесценила человеческую жизнь. Зверские убийства и торговля рабами-заложниками стали нормой. Через войну проходят десятки тысяч молодых людей. Они не смогут вернуться в гражданскую жизнь.

Чечня — это кузница ФСБ. В ней воспитываются будущие кадры российских спецслужб и внештатных бригад наемных убийц. Чем дольше ведется эта война, тем необратимее становятся ее последствия. Самое страшное из них — ненависть. Чеченцев — к русским. Русских — к чеченцам. Этот конфликт был искусственно создан российскими силовыми ведомствами, главным образом — Федеральной службой безопасности России.

Глава 11

Реформировать или распустить ФСБ?

Всё путем!

Молодежный лозунг,
придуманный «пиаровцами» Путина

*Зря на нас клевещете, умники речистые.
Все путем у нечисти, и даже совесть чистая.*

Владимир Высоцкий

Объективности ради укажем, что попытки реформировать ФСБ предпринимались единичными представителями этой системы, но к успеху не привели. Борьба отдельных офицеров ФСБ за чистоту рядов органов всегда завершалась сокрушительным поражением. История этой борьбы доказывает, что реформировать ФСБ невозможно и данная государственная структура должна быть уничтожена. В подтверждение этого можно привести один документ, адресованный президенту РФ Ельцину задолго до взрывов домов в России, — 5 мая 1997 года. Поскольку документ публикуется без ведома автора, мы не считаем себя в праве называть его имя:

«О противоправной
деятельности ряда должностных лиц ФСБ РФ

Уважаемый Борис Николаевич!

Обстоятельства вынуждают обратиться лично к Вам в связи с тем, что директор Федеральной службы безопасности генерал-полковник Ковалев Н. Д. и другие руководители ФСБ РФ не принимают мер по проблемам государственной безопасности России, поднятым мной в рапортах и заявлениях, которые я направлял им начиная с 1996 г.

Организованные преступные группировки на протяжении последних лет всеми путями стремились проникнуть в ФСБ РФ. Вначале наиболее распространенной формой было установление отношений с отдельными сотрудниками ФСБ РФ и занятие преступной деятельностью под их прикрытием („крышей"). А затем эти группировки перешли на путь делегирования своих членов в ряды ФСБ РФ. Поступление на службу идет через знакомых им работников кадровых аппаратов и руководителей подразделений.

Особенно активно проникновение членов преступных группировок в ряды ФСБ РФ шло при Барсукове М. И. и Ковалеве Н. Д. При этих руководителях был принят на службу ряд членов солнцевской, подольской (в частности, Кузовкин В. А., — на должность начальника направления 3 отдела УЭК) и других преступных группировок. Для обеспечения их безопасности на ключевые посты выдвигались „свои люди". В то же время был необоснованно уволен ряд профессионалов с большим опытом оперативной работы. Все это происходило при попустительстве бывшего сотрудника кадрового аппарата Патрушева Н. П.

Действия руководителей ФСБ РФ Барсукова, Ковалева, Патрушева направлены на то, чтобы выжить профессиональных работников из системы ФСБ РФ в угоду криминальным элементам. Так, Патрушев, будучи назначен на должность начальника Управления собственной безопасности ФСБ РФ, вместо борьбы с преступными группировками начал преследовать сотрудников ФСБ — профессионалов с большим опытом борьбы с преступностью, заставил их уволиться из органов безопасности. В связи с этим в Управлении прекратилась реализация дел на вооруженные преступные группировки.

В настоящее время начальник Управления собственной безопасности ФСБ РФ Патрушев переведен на должность начальника Организационно-инспекторского управления ФСБ РФ, а вместо него Ковалевым на эту должность назначен Зотов, о связи которого с криминальными структурами в ФСБ поступало немало информации. До этого назначения Зотов курировал антитеррористический центр, не имеющий практически реализаций дел оперативного учета, в то время как кругом совершались и совершаются террористические акты, а в незаконном обороте только в гор. Москве находится большое количество оружия и боеприпасов. Именно Зотов приложил немало усилий для блокировки в декабре 1995 года разворота дела по чеченской организованной преступной группировке

(ОПГ). По оперативным источникам Зотов получил в качестве подарка от одной из группировок автомашину — джип иностранного производства, которую продал при назначении на генеральскую должность, чтобы скрыть указанный факт.

Ковалевым на генеральские должности назначен ряд сотрудников не по профессиональным качествам и не по боевым заслугам, а по признакам знакомства и преданности директору. Так, в августе 1996 года в системе ФСБ РФ было создано Управление перспективных программ. В это Управление, подчиненное непосредственно директору ФСБ РФ Ковалеву, было переброшено из других подразделений значительное число профессионалов. Однако никто в ФСБ не знает, для чего Ковалев держит это подразделение, так как до сих пор не определены цели и задачи Управления, а также функциональные обязанности его сотрудников. Практически Управление перспективных программ ФСБ РФ не занимается борьбой с преступностью, а обеспечивает безопасность негосударственных структур (например, ассоциации „Стелс" и др.). Тем не менее на генеральские должности в УПП были назначены приятели Ковалева — Хохольков, Степанов и Овчинников. Первые двое уже получили генеральские погоны. Причем Хохольков и Овчинников ранее являлись объектами разработок УСБ ФСБ РФ. Первый поддерживал тесные отношения с бандитами, получал от них денежные вознаграждения, что позволяло ему за один вечер проигрывать в казино до 25.000 долларов США. [...]

Известный в РУОП ГУВД гор. Москвы бандит Стальмахов в беседе с одним из источников заявил, что с 1993 года членами его группы, в которую входит ряд бывших сотрудников КГБ СССР, совершается контрабанда товаров. Прикрывают же их преступную деятельность за денежные вознаграждения высокопоставленные сотрудники ФСБ РФ, включая генералов УЭК Порядина и Кононова, генерала УФСБ по гор. Москве и Московской области Трофимова, о чем директор ФСБ РФ Ковалев Н. Д. осведомлен. В феврале 1994 года мною как старшим следователем по особо важным делам Следственного управления МБ РФ было задержано девять автомашин („фур") с контрабандными товарами на сумму свыше 3 млн. долларов США. Предпринятыми мерами со стороны указанных должностных лиц контрабанда была освобождена и сокрыта на заводе «Серп и молот», откуда затем незаконно реализована. На меня же был инспирирован ряд заявлений о вымогательстве, что не позволило мне работать по выявлению указанной контрабанды.

Беспокоят также факты утечки оперативной информации из ФСБ РФ в криминальные структуры.

Руководители ФСБ РФ Ковалев Н. Д. (а до него Барсуков М. И.), начальники Управлений Патрушев и Зотов блокируют работу по пресечению преступной деятельности организованных группирований, совершающих тяжкие преступления, в частности по пресечению преступной деятельности чеченцев в гор. Москве. [...] В ходе реализации имеющихся материалов в служебном помещении коммерческого банка „Сольди" при вымогательстве 1,5 млрд. рублей и 30.000 долларов США были задержаны члены „чеченской" ОПГ Новиков В. Д., Бакаев Л. М., а также Азизбекян К. Н. — руководитель охранного предприятия „Кобра-9", начальник группы генерального штаба Российской армии, полковник Голубовский Г. У., оперуполномоченный ОБПСЭ ГУВД Мосгорисполкома, старший лейтенант милиции Угланов В. В.

Из числа лиц, осуществлявших прикрытие вымогателей на входе в банк, были задержаны члены ОПГ Ханшев Б. Б. и Айтупаев С. А., а также сотрудники МВД РФ старший оперуполномоченный ОЭП ГУВД гор. Москвы, майор милиции Дмитриев Г. Ф., инспектор отдела ГАИ, майор милиции Павлов В. И. (оба вооружены пистолетами ПМ) и прапорщик милиции Колесников И. А.

Во время допроса установлено, что существенную помощь в решении вопросов криминального порядка для данной ОПГ оказывал консультант Академии ГШ ВС РФ генерал-майор Тарасенко Ю. И., которому Новиков В. Д. ежемесячно выплачивал по 5—10 тыс. долларов США. Будучи допрошенным по делу, Тарасенко признал факты получения денежных вознаграждений от Новикова В. Д. и Азизбекяна К. Н., а также то, что он направлял на помощь „чеченской" ОПГ военнослужащих генштаба и сотрудников милиции.

1 декабря 1995 года следственным отделом 3-го РУВД ЦАО гор. Москвы было возбуждено уголовное дело № 055277 по ч. 5 ст. 148 УК РФ.

В ходе первоначальных следственных действий и оперативно-розыскных мероприятий было установлено, что помимо вымогательства члены названной ОПГ совершали убийства в г. Москве и в Чечне, хранили оружие и боеприпасы на нелегальном складе в Подмосковье и переправляли оружие и боеприпасы с военных складов г. Электрогорска в районы боевых действий в Чечне.

Поскольку я был одним из руководителей операции, то мне отводилась немаловажная роль в раскрытии преступной деятельности „чеченской" ОПГ. Однако уже в начале декабря 1995 года меня отстранили от дела в связи с инспирированным служебным разбирательством и изъяли табельное оружие. Причины и основания проведения служебного разбирательства мне неизвестны до настоящего времени.

По окончании „служебного разбирательства" был издан приказ от 8 февраля 1996 года № 034 о моем наказании якобы за срыв операции, хотя в материалах уголовного дела № 055277, в письмах РУОП ГУВД гор. Москвы, 3-го РУВД ЦАО гор. Москвы, Тверской межрайонной прокуратуры гор. Москвы утверждается обратное.

Члены комиссий, ссылаясь на указания „сверху", сфабриковали заключение, расценив задержание опасных преступников как превышение мною должностных полномочий. Это обстоятельство послужило поводом для отстранения меня от работы по разоблачению деятельности преступных группирований.

По имеющимся оперативным данным, члены упомянутой преступной группировки для блокирования работы по делу выделили 100 000 долларов США, заявляя, что у них хватит средств, чтобы „купить и ФСБ, и МВД, и Министерство обороны"».

Несколько слов о том, чем закончилось противостояние неназванного нами подполковника ФСБ. После своего письма Ельцину он был уволен. Зданович оклеветал его в СМИ, обвинив в совершении уголовного преступления. Уволенный подполковник подал на руководство ФСБ в суд. Во время судебных слушаний, длившихся более года, руководством ФСБ было подготовлено и совершено два покушения на подполковника. Однако он умудрился выжить и выиграть суд, где одним из ответчиков был Патрушев. Правда, решение суда, вступившее в законную силу, новый директор ФСБ (тогда им стал Путин) исполнять отказался, лишний раз продемонстрировав невозможность реформирования ФСБ или борьбы с нею, опираясь на существующее законодательство.

В идее роспуска ФСБ нет ничего неожиданного. Уже в декабре 1999 года, возможно под влиянием сентябрьских взрывов в России, в прессе появилась информация о планируемом расформировании ФСБ. Одна из московских газет писала:

> «По данным осведомленных источников, в ближайшие дни возможно создание новой силовой структуры, построенной по примеру ФБР США. Возглавить новую структуру должен, предположительно, руководитель в ранге первого вице-премьера. По нашим сведениям, планируется, что это будет нынешний министр внутренних дел Владимир Рушайло. [...] Новое ведомство собираются наделить функциями кураторства над всеми силовыми структурами, включая ФАПСИ, МВД, ФСБ, Министерство обороны и так далее. Основной базой для нового департамента послужат структуры МВД. Из ФСБ к нему на первом этапе должны отойти департаменты по борьбе с терроризмом и политическим экстремизмом, экономическая контрразведка. Если же в дальнейшем новое ведомство включит в себя и функции контрразведки, то ФСБ фактически будет ликвидирована».

Однако мирным вливанием ФСБ в МВД ограничиваться нельзя. Верховный суд РФ обязан начать полномасштабное расследование всех громких террористических актов, прежде всего сентябрьских взрывов, как состоявшихся, так и предотвращенных, в том числе в Рязани, причем следствие должно быть передано из распускаемого ФСБ в специально созданный при МВД орган, а лица, причастные к организации терактов в России, должны понести наказание, предусмотренное законом.

Государственная дума обязана в кратчайшие сроки разработать и утвердить закон, воспрещающий бывшим и нынешним сотрудникам органов государственной безопасности занимать в ближайшие 25 лет выборные или государственные посты и предписывающий всем бывшим и нынешним сотрудникам органов государственной безопасности уйти в отставку в согласованные со специально созданной для этого комиссией сроки. Вышеупомянутый указ Государственной думы должен быть распространен и на нынешнего президента России — бывшего руководителя ФСБ Путина Владимира Владимировича.

Вместо заключения:
ФСБ у власти

Федеральная служба безопасности провела в президенты своего кандидата. Выступая 20 декабря в годовщину создания Всероссийской чрезвычайной комиссии (ВЧК) перед своими коллегами, Путин начал речь фразой о том, что задание ФСБ выполнил — стал премьер-министром России.

Восстановление мемориальной доски Андропову на здании Большой Лубянки, где располагается ФСБ, тост с лидером российских коммунистов Зюгановым за здоровье Сталина, взрывы жилых домов и новая война в Чечне, принятие закона, разрешающего возбуждать расследования по анонимкам, привод во власть генералов ФСБ и военных, наконец, тотальное разрушение основ конституционного общества, построенного пусть на хлипких, но все же демократических ценностях и рыночной экономике, удушение свободы слова — вот лишь некоторые достижения премьер-министра и президента Путина за первые месяцы его правления.

К этому следует добавить милитаризацию экономики России, начало новой гонки вооружений, увеличение контрабанды и продаж Россией оружия и военных технологий правительствам, враждебно настроенным к развитым странам мира, контрабанду наркотиков из центральной и юго-восточной Азии под руководством и прикрытием ФСБ в Россию и далее на Запад.

Историкам еще предстоит ответить на вопрос, кем столь блистательно была проведена многоходовая операция по приводу Путина к власти и кто подложил его кандидатуру ближайшему окружению первого президента, которое, в свою очередь, представило бывшего руководителя ФСБ Ельцину в качестве преемника. Удивительнее другое: два предшествующих Путину кандидата на роль преемника — Степашин и Примаков — тоже были из силовых ведомств. С поразительным упрямством Ельцин пытался посадить в свое кресло человека из органов государственной безопасности.

На выборах 2000 года перед российским избирателем был восхитительный список претендентов: старый чекист Примаков, самоуверенно заявлявший о том, что в случае прихода к власти посадит 90 тысяч бизнесменов, т. е. всю деловую элиту России, молодой чекист Путин, до прихода к власти подчеркивавший необходимость продолжения политики Ельцина, и коммунист Зюганов, чьи будущие действия были легко предсказуемы.

Чтобы посадить 90 тысяч бизнесменов, президент Примаков должен был бы арестовывать по 60 человек в день, без выходных и праздников, в течение четырехлетнего срока президентского правления. Молодой чекист Путин обещал быть не столь кровожадным. Может быть, предвыборная пьеса кем-то разыгрывалась по сценарию плохого и хорошего следователя? Плохой следователь Примаков добровольно снял кандидатуру после разгрома на думских выборах. Остались молодой чекист и старый коммунист. Все свелось к черно-белому варианту 1996 года, и победил Путин. В чем-то он не обманул доверия. До 60 человек в день Путин, кажется, не доводит, если не считать вихрей террора, антитеррора и чеченской войны. Но титул тирана Путин безусловно заслуживает, поскольку зачатки самоуправления в России он старательно разрушил первыми же своими указами, и сейчас его власть опирается на очевидный произвол, в народе называемый беспределом. Именно так определяет слово «тиран» Советский энциклопедический словарь 1989 года: «правитель, власть которого основана на произволе и насилии».

Однако Россия — страна непредсказуемая. Это единственное, что про нее известно достоверно. Может оказаться, что именно в этом заключается сила, помощнее сжатого кулака спецслужб.

Эпилог

> *Организация признается террористической, если хотя бы одно из ее структурных подразделений осуществляет террористическую деятельность с ведома хотя бы одного из руководящих органов данной организации. [...]*
> *Организация признается террористической и подлежит ликвидации на основании решения суда.*
> *При ликвидации организации, признанной террористической, принадлежащее ей имущество конфискуется и обращается в доход государства.*
>
> Федеральный закон Российской Федерации
> о борьбе с терроризмом
> Принят Государственной думой 3 июля 1998 г.
> Одобрен Советом Федерации 9 июля 1998 г.
> Подписан президентом Б. Н. Ельциным
> 25 июля 1998 г.

2 сентября 2002 года, в 00 часов Указом президента Российской Федерации была распущена Федеральная служба безопасности России. Этот поистине исторический документ стал началом новой эпохи развития демократических институтов страны. Мы хотели бы познакомить читателей с этим Указом в связи с его очевидной важностью:

УКАЗ
ПРЕЗИДЕНТА РОССИЙСКОЙ ФЕДЕРАЦИИ

«О роспуске органов государственной безопасности — Федеральной службы безопасности, Службы внешней разведки, Федеральной службы охраны, Федерального агентства правительственной связи и информации»

1. Деятельность органов государственной безопасности СССР и России с декабря 1917 года по настоящее время признать противоречащей законам Российской Федерации, провозглашенным Конституцией РФ, и интересам народа.

2. Органы государственной безопасности — Федеральную службу безопасности, Службу внешней разведки, Федеральную службу охраны, Федеральное агентство правительственной связи и информации — распустить.

3. Документы, регламентирующие их деятельность, признать утратившими силу со дня публикации Указа.

4. В течение 30 дней со дня публикации Указа создать Общественную комиссию по расследованию преступлений, совершенных органами государственной безопасности против собственных граждан как на территории России, так и за ее пределами. В состав данной комиссии включить видных общественных деятелей, правозащитников, юристов, депутатов Государственной думы, представителей СМИ. Председатель Общественной комиссии назначается президентом РФ и подотчетен ему лично.

5. Объявить открытыми без каких-либо ограничений архивы органов государственной безопасности. Поручить Общественной комиссии по расследованию преступлений, совершенных органами государственной безопасности против собственных граждан, разработать и реализовать проект публикации документов, представляющих особый интерес для общественности.

6. Передать российским и иностранным гражданам, в отношении которых органами государственной безопасности проводились оперативные мероприятия, или их родственникам, в случае смерти объектов оперативных мероприятий, материалы оперативных мероприятий.

7. В случае, если граждане, являвшиеся объектом оперативных мероприятий со стороны органов государственной безопасности, сочтут, что органами государственной безопасности были нарушены их гражданские права, в результате чего граждане понесли моральный или материальный ущерб, в соответствии с действующим законодательством они будут иметь право обратиться в судебные органы России или страны проживания с требованием возбуждения судебных исков в отношении конкретных сотрудников органов государственной безопасности.

8. Органам Министерства внутренних дел с 00 часов 2 сентября 2002 года взять под охрану все служебные помещения органов государственной безопасности и охранять их до особого распоряжения.

9. Министру внутренних дел назначить коменданта (представителя МВД), отвечающего за охрану служебных помещений органов государственной безопасности на всей территории России. Сотрудникам МВД жестко пресекать любые акции неповиновения со стороны сотрудников органов государственной безопасности.

10. Общественной комиссии по расследованию преступлений, совершенных органами государственной безопасности против собственных граждан, совместно с МВД РФ в 90-дневный срок со дня публикации Указа разработать проект о передаче ряда функций упраздняемых органов государственной безопасности в ведение МВД.

11. Администрации президента подготовить проект закона, запрещающего как действующим, так и бывшим сотрудникам

органов государственной безопасности и их агентам занимать в последующие 25 лет государственные должности, и в десятидневный срок со дня публикации Указа направить проект закона на рассмотрение в Государственную думу. Обратить особое внимание на тех сотрудников органов государственной безопасности, чья деятельность имела отношение к так называемой борьбе с инакомыслием.

12. Сотрудникам органов государственной безопасности, как действующим, так и уволенным, в месячный срок предоставить в территориальные налоговые органы РФ декларации об имеющейся в личной и близких родственников (включая родителей, братьев и сестер, близких родственников жен и мужей, как нынешних, так и бывших) собственности: недвижимости, транспортных средств, счетах в российских и зарубежных банках, акций и ценных бумах российских и зарубежных предприятий и организаций, с подробным указанием источников дохода, на которые это имущество было приобретено; время и места покупки, а также продавца данного имущества. Налоговым органам РФ в течение 2002 года произвести соответствующую проверку деклараций и решать вопрос в установленном порядке согласно российскому налоговому законодательству.

Всем гражданским лицам и организациям с момента подписания и публикации Указа и до окончания налоговой проверки запрещается проводить какие-либо сделки по купле, продаже, дарению или отчуждению, залога недвижимости, транспортных средств, акций и ценных бумаг, перевода денег со счетов, принадлежащих действующим или уволенным сотрудникам органов госбезопасности или их родственникам. Все сделки, произведенные в указанный период с участием действующих или уволенных сотрудников органов госбезопасности или их родственников, будут признаны недействительными.

13. Военнослужащим органов государственной безопасности до их увольнения в запас Вооруженных сил РФ:

а) находиться в местах проживания;

б) в течение семи суток со дня публикации указа встать на временный учет в местных управлениях внутренних дел по месту регистрации, для чего в МВД РФ назначить уполномоченных из числа офицерского состава;

в) в течение суток со дня публикации Указа сдать личное табельное оружие, служебные удостоверения, документы прикрытия, ключи и печати уполномоченному в УВД, с подробным описанием своих рабочих мест и функциональных обязанностей, названием управлений, отделов и должностей;

г) до увольнения в запас военнослужащим органов государственной безопасности отмечаться лично у уполномоченных УВД по месту регистрации: генералам и адмиралам — один раз в три дня; старшим и младшим офицерам — один раз в пять дней; прапорщикам, старшинам, сержантам и рядовым — один раз в семь дней; для чего уполномоченным в УВД завести специальные учеты;

д) за нарушение данного распоряжения на лиц, не исполнивших их, начальникам УВД взыскивать с провинившихся вплоть до ареста на гарнизонной гауптвахте. Неявку на регистрацию рассматривать как не выход на службу;

е) выплату денежных пособий обеспечивать через финансовые органы указанных УВД по нормам довольствия, положенным для военнослужащих, находящихся за штатом, до решения об увольнении.

14. Сотрудникам органов государственной безопасности в течение семи суток со дня публикации Указа составить под-

робное объяснение о своей работе в органах государственной безопасности со дня зачисления и до дня Указа о запрещении органов.

а) Особо указать участие в оперативных мероприятиях и их наименование, в отношении кого проводились, по чьему распоряжению, а также что известно о проведении мероприятий другими сотрудниками и органами.

б) Указать полные установочные данные агентов (резидентов) и доверенных лиц, содержателей явочных квартир, адреса конспиративных квартир, имена и адреса людей, находящихся на связи; места хранения их личных и рабочих дел; названия для оперучета и установочных данных объектов данных дел и мест хранения дел.

в) Руководящим работникам органов государственной безопасности указать полные наименования подразделений, установочные данные и места проживания подчиненных.

г) Указанные объяснения должны быть переданы уполномоченным в отделениях внутренних дел, зарегистрированы в журнале учета заявлений от граждан и направлены лично председателю Общественной комиссии.

д) К лицам из числа сотрудников органов государственной безопасности, допустивших самовольное уничтожение оперативных дел, применять меры уголовно-процессуального характера.

15. Лица, ранее служившие в органах государственной безопасности СССР и России, продолжающие в настоящее время службу в государственных учреждениях РФ, должны быть в пятидневный срок выведены за штат и до вступления в силу закона о запрете действующим и бывшим сотрудникам

органов государственной безопасности СССР и России занимать государственные должности, находиться в распоряжении этих ведомств.

16. Настоящий Указ распространяется на всех действующих или уволенных сотрудников органов государственной безопасности, а также на всех лиц, когда-либо служивших или состоящих в агентурном аппарате органов государственной безопасности СССР и России.

17. Настоящий указ рассматривать каждым военнослужащим органов государственной безопасности как письменный приказ Верховного главнокомандующего. За неисполнение приказа виновные будут нести уголовную ответственность.

18. Указ вступает в силу со дня его подписания и опубликования в СМИ.

Президент Российской Федерации
Верховный главнокомандующий

* * *

Предвосхищать будущее — занятие рискованное. Предвосхищать политическое развитие России — тем более. Мы, однако, беремся утверждать, что ошибаемся лишь в дате президентского указа. В том, что данный указ дело ближайшего времени — мы убеждены абсолютно. Иначе бессмысленным было бы написание нашей книги.